AI普及应用及落地实践丛书

AI生图
变现100例

张翔 编著

电子工业出版社
Publishing House of Electronics Industry
北京·BEIJING

内 容 简 介

本书系统展示了如何运用 AI 大模型进行创意设计与商业应用。全书共分为 10 大类别、45 种变现思路、100 个落地实例，涵盖品牌宣传、建筑设计、图书插画、数字文创等热门领域。每个类别均按照"从基础概念到应用实例，再到变现思路和运营建议"的顺序进行讲解，形成完整的学习闭环，帮助读者将设计技能转化为实际收益。

这是一本可用来开拓 AI 赋能思路的实用指南，适合多类读者群体。设计从业者可以通过本书学习 AI 工具，提升工作效率；电商和自媒体运营人员可以通过本书掌握快速生成优质视觉内容的技巧；创意工作者可以通过本书获得灵感，开拓数字艺术新形式；学生和副业人群可以通过本书入门 AI 设计并探索变现途径。

未经许可，不得以任何方式复制或抄袭本书之部分或全部内容。
版权所有，侵权必究。

图书在版编目（CIP）数据

AI 生图变现 100 例 / 张翔编著. —— 北京 ：电子工业出版社，2025.7（2025.9重印）. --（AI 普及应用及落地实践丛书）.
ISBN 978-7-121-50441-9

Ⅰ.F713.365.2
中国国家版本馆 CIP 数据核字第 2025BT0605 号

责任编辑：孙学瑛
印　　刷：北京七彩京通数码快印有限公司
装　　订：北京七彩京通数码快印有限公司
出版发行：电子工业出版社
　　　　　北京市海淀区万寿路 173 信箱　邮编 100036
开　　本：880×1230　1/32　印张：8.25　字数：200 千字
版　　次：2025 年 7 月第 1 版
印　　次：2025 年 9 月第 2 次印刷
定　　价：59.80 元

凡所购买电子工业出版社图书有缺损问题，请向购买书店调换。若书店售缺，请与本社发行部联系，联系及邮购电话：（010）88254888，88258888。
质量投诉请发邮件至 zlts@phei.com.cn，盗版侵权举报请发邮件至 dbqq@phei.com.cn。
本书咨询联系方式：sxy@phei.com.cn。

前 言

AI 视觉革命的临界点

技术跃迁：从"玩具"到"工具"的质变

2025 年 3 月底，OpenAI 发布了重磅生图模型 GPT-4o。这次更新，不仅在速度、图文结合能力上迈出了一大步，更重要的是，它几乎一举解决了过去 AI 生图领域最令人头疼的两个技术问题：一是无法准确生成文字（尤其是汉字），多语言混排不稳定；二是人物与场景形象在多图场景中难以保持一致，跨场景元素不连贯。这两个问题的突破，意味着 AI 生图终于从"玩具"变成了"工具"，它的商业价值不再只是幻想，而是已具备现实可操作性。

GPT-4o 与其他生图模型的对比如下表所示。

表 GPT-4o 与其他生图模型的对比

特性/项目	GPT-4o	Midjourney	Stable Diffusion +ComfyUI
图像质量	√精确、高质	×失真	×可调但不稳定
文本融合	√准确嵌入	×错字频发	×配置复杂
风格多样性	√Ghibli 等	×艺术风格受限	×需手动切换模型
人物一致性	√跨图稳定	×易"崩样"	×设置烦琐
使用门槛	√浏览器即可实现	×加 Discord	×需部署+显卡支持

作者视角：跨界实践者的观察

在这个技术拐点到来的时刻，我决定写作本书。

我是一名在加拿大生活和工作的 AI 技术专家，也是一名长期从事提示词工程、AI 营销策略与自动化流程构建的 AI 生图实战变现课程讲师。

本书的部分内容，正是我在温哥华首创的"AI 生图实战变现课程"的精华讲义，它不仅承载了我对 AI 未来趋势的研判，也记录了我亲身反复验证的一线商业变现场景。

虽然 GPT-4o 从 2025 年 3 月底推出至今仅短短数月，但我的很多 AI 技能班学员在上过课后，都已经把这新一代的生图模型在商业领域中玩出了新花样。

1）有一位学员利用 GPT-4o 开发了一款双语单词闪卡生成软件，并将其销售给温哥华两所践行蒙台梭利教育理论的幼儿园，作为提高孩子学习兴趣的工具。这不仅为其带来了收入，还使其获得了社区的好评。

2）我有一位学员是温哥华市的持牌房产经纪人。过去，她需要请专人拍摄照片来展示房子里摆放某些家具或家电后的实景效果。现在，利用 GPT-4o，她只需一分钟就能生成以前需要花费 80 加币才能获得的效果图。

3）有的学员思维敏捷，迅速想到了利用 GPT-4o 来设计和生成电子版名片，大大节省了成本和时间。

4）还有学员利用 GPT-4o 生成了一系列表情包，并将其发布到微信表情包市场中，很快便实现了盈利。

我把这些变现实例的相关提示词写在了本书里，供大家参考。

本书内容的价值体系

在本书中，你将看到 100 个高质量的 AI 生图实例，每一个都附有清晰的提示词、主要应用场景，以及更重要的——变现思路。

我要强调一点：本书不是提示词合集，更不是技术手册，而是"搞钱指南"。我会向你展示，如何把 AI 生图用于品牌宣传、电商运营、课程包装、短视频制作、商品设计，甚至艺术展览和公共话题表达，用一句话说：让 AI 生成的图像不仅好看，还更值钱。

如何找到 GPT-4o 生图新玩法？根据调研，我总结了以下四种方法。

方法一：搜索引擎——基础但不高效

直接用搜索引擎搜索，比如输入关键词"GPT-4o 生图提示词"，简单直接，特别适合新手。然而，这种方式存在一个显著缺点，即信息质量参差不齐，难以提炼出真正具有创意和实效的提示词。除非你对其具体风格和明确的关键词有深入了解，否则往往难以取得理想的效果。

方法二：社交媒体——精准、高效的宝藏地

真正的提示词发源地往往为社交平台，比如微博、小红书、即刻等。在这些平台上聚集了许多热衷于分享 GPT-4o 提示词创意的博主，他们总是能在第一时间发布最新玩法。通过关注热门博主、浏览推荐内容，你可以轻松捕捉到一些新潮提示词。那些点赞、转发和评论数量特别多的内容，往往代表了近期的流行趋势。

方法三：Sora.com——隐藏的提示词库

许多人可能尚未知晓，有一个名为 Sora.com 的网站，这是 OpenAI 官方专门制作视频和图像的平台。在这里，你不仅可以生成图像和视频，还能浏览其他人分享的作品。更为重要的是，所有分享的作品的提示词都是公开的！这意味着，每当你在这个平台上看到令

人印象深刻的作品时,都可以点开它,轻松查看其提示词,从而借鉴他人的创意。

方法四:反向分析法——万能的拆解神器

当你看到网络上分享的 AI 生成的图像,却不知道其背后的提示词时,你可以尝试反向分析法。

- 步骤一:下载图像,并将其上传到 AI 生图模型中,询问:"你能帮我猜一下这个图像背后的提示词吗?"
- 步骤二:AI 生图模型通常能够准确猜出图像背后的提示词。接下来,你可以根据需求对提示词进行适当调整,从而快速生成效果相似甚至更佳的图像。

此外,这些提示词不仅适用于 OpenAI 的 GPT-4o,也经过我在国内多个主流 AI 生图平台(如即梦 2.1 等)的测试与优化。无论你身处何地,无论使用的是国外的大模型还是本地大模型,都能得到令人满意的效果。书中部分灵感来源于海内外优秀的 AI 艺术家与博主的创意,他们的探索让我受益匪浅。在此,向他们表达诚挚的谢意。

因此,本书将构建一个三维知识框架,包括技术层、商业层和创意层。其中,技术层有着适配多个平台的优化提示词库;商业层包括 45 种变现思路及相应的运营建议;而创意层则由跨领域灵感迁移方法和版权风险规避提醒构成。本书希望为读者呈现"需求—技术—变现"的完整闭环,提供可复制的商业验证模板,助力读者实现从技术使用者到价值创造者的蜕变。

致谢

我要将本书献给两个最重要的人：我的母亲和妻子。她们一直默默支持我，从未质疑我日复一日对提示词、图像与可能性的偏执投入。

我希望通过这本书，不仅为 AI 创作者打开一扇窗，更把这种技术与创意的力量，回馈给我所爱的人。

愿每一位打开本书的人，都能在其中找到属于自己的 AI 黄金线索。

张翔

2025 年夏 · 温哥华

目 录

第 1 章 品牌宣传与营销设计类 1

  1.1 基础概念 2

  1.2 应用实例 3

    实例 1：个人宣传海报 3

    实例 2：理发店海报 5

    实例 3：品牌 Logo 融合城市天际线 7

    实例 4：Q 版品牌形象图（迷你星巴克）... 9

    实例 5：电商产品主图（番茄酱）.. 11

    实例 6：电商产品主图（宝石手串）.. 13

    实例 7：餐厅菜单配图 14

    实例 8：电商产品英文翻译图 16

实例 9：短视频封面 18
实例 10：品牌周边（地毯）......... 20
实例 11：品牌周边（服装）......... 21
实例 12：品牌周边（贴纸）......... 22
实例 13：宣传理念广告 23
实例 14：名片 24
实例 15：模特带货短视频 26
实例 16：文艺演出门票图案 28
实例 17：产品详情页 30
实例 18：自由搭配人物与商品构成电商广告图 32
实例 19：色盘秒变高级感图像 34
实例 20：去除图像中的不相干要素 35

1.3 变现思路 36

1.4 运营建议 38

第 2 章 建筑设计与空间效果图类 39

2.1 基础概念 40

2.2 应用实例 41

实例 21：室内空间的数字化陈设 41
实例 22：平面图的三维可视化转换 43
实例 23：古典艺术微缩场景的三维可视化 45
实例 24：停车场立柱的可视化设计 47
实例 25：玻璃容器的数字化 49
实例 26：超现实空间的融合设计 51
实例 27：彩绘玻璃的艺术设计 53

　　　　实例 28：商业能源站的 3D 可视化设计 55

　2.3　变现思路 57

　2.4　运营建议 59

第 3 章　图书封面与插画设计类 60

　3.1　基础概念 61

　3.2　应用实例 62

　　　　实例 29：图书封面（有参考图）..............................62

　　　　实例 30：图书封面（有主题）..............................64

　　　　实例 31：图书封面（有故事情节）..............................65

　　　　实例 32：小说插画 67

　　　　实例 33：教育可视化图表 69

　　　　实例 34：文旅手绘 71

　　　　实例 35：儿童情感主题绘本 73

　　　　实例 36：心理健康教育的视觉设计 75

　　　　实例 37：传统连环画的艺术设计 77

　　　　实例 38：电影国际化海报 79

　3.3　变现思路 81

　3.4　运营建议 83

第 4 章　人物形象数字化衍生类 84

　4.1　基础概念 85

　4.2　应用实例 86

　　　　实例 39：吉卜力风格卡通肖像服务 86

　　　　实例 40：三维雕塑的数字化设计服务 88

实例 41：个性化钥匙扣人偶定制服务 90
实例 42：团体纪念手办设计服务 92
实例 43：电商虚拟换装视觉服务之一 94
实例 44：电商虚拟换装视觉服务之二 96
实例 45：未来形象预测娱乐服务 97
实例 46：真人与卡通的融合创意服务 99
实例 47：照片转油画创作服务 101
实例 48：超写实自拍增强服务 103
实例 49：城市主题数字艺术创作服务 105
实例 50：3D Q 版人物角色 107
实例 51：图像融合设计 108
实例 52：邮票生成 109
实例 53：服装设计稿转成衣效果图 110
实例 54：卡通人物转真人 111
实例 55：表情包制作 112
4.3 变现思路 113
4.4 运营建议 115

第 5 章 数字文创与艺术插画类 116

5.1 基础概念 117
5.2 应用实例 118
实例 56：手绘金句的艺术创作 118
实例 57：球星收藏卡 120
实例 58：数字收藏卡 122
实例 59：水墨风历史题材的创意设计 124

　　　　实例 60：传统题材创新插画设计 126

　　　　实例 61：超现实材质创意设计 128

　　　　实例 62：松果化物体（松果苹果）.. 130

　　　　实例 63：自然元素创意转化 131

　　　　实例 64：概念艺术海报设计 133

　　　　实例 65：特定照片 135

　　　　实例 66：字体融合设计 136

　　　　实例 67：按 JSON 格式的信息生成图像 137

　　　　实例 68：把世界名画变成卡通稻草人风格 138

　　5.3　变现思路 139

　　5.4　运营建议 141

第 6 章　科普与教育信息图类 142

　　6.1　基础概念 143

　　6.2　应用实例 144

　　　　实例 69：英语学习闪卡设计 144

　　　　实例 70：鲸类物种水彩画 146

　　　　实例 71：科技演进信息图 148

　　　　实例 72：刑侦嫌疑人特征画像 150

　　　　实例 73：民族特征可视化设计 152

　　　　实例 74：生成极简图文菜谱 154

　　6.3　变现思路 155

　　6.4　运营建议 157

第 7 章　趣味视觉内容类 158

7.1　基础概念 159
7.2　应用实例 160

  实例 75：找茬游戏素材 160
  实例 76：像素游戏素材 162
  实例 77：创意食品的视觉设计 164
  实例 78：微缩场景的创意设计 166
  实例 79：传统文化 IP 的创意设计 168
  实例 80：人偶生成 170
  实例 81：多图融合设计 171
  实例 82：平面玩偶图转 3D 建模文件 172

7.3　变现思路 173
7.4　运营建议 174

第 8 章　商品定制设计类 175

8.1　基础概念 176
8.2　应用实例 177

  实例 83：纺织纹样 177
  实例 84：鞋履创意设计 179
  实例 85：快消品外观设计（旋风形水瓶）......................... 181
  实例 86：食品创意图（黄油雕刻）................................. 182
  实例 87：霓虹灯飞碟 183
  实例 88：带包装的表情包和减压球实物图 185

8.3　变现思路 186

8.4 运营建议 188

第 9 章 新闻、时事与讽刺类 190

9.1 基础概念 191

9.2 应用实例 193

实例 89：杂志封面 193

实例 90：垃圾袋讽刺画（消费主义批判） 195

实例 91：虚构新闻杂志封面（GPT-4o 专题） 197

9.3 变现思路 199

9.4 运营建议 201

第 10 章 前沿、冷门与交叉创新类 202

10.1 基础概念 203

10.2 应用实例 204

实例 92：空间涂鸦（表情符号投影） 204

实例 93：表情符号的融合设计 206

实例 94：励志金句的融合设计 207

实例 95：文创水晶球 208

实例 96：电影 IP 融合海报 210

实例 97：草图转高保真原图 212

实例 98：四格漫画 213

实例 99：设计卡通文化衫 214

实例 100：折纸艺术图 215

10.3 变现思路 216

10.4 运营建议 218

附录 A　AI 生图技术的演进：从 DALL-E 到原生多模态模型 ... 219

A.1　AI "画家"的诞生 220

A.2　从 DALL-E 到 GLIDE：扩散模型崭露头角 221

A.3　双轨竞争：自回归模型与扩散模型，两大路线之争 223

A.4　开源革命：Stable Diffusion 与 Midjourney 的崛起 ... 225

A.5　指令跟随的飞跃：从 DALL-E 3 到 ChatGPT 绘图 ... 227

A.6　迈向多模态：从图像到视频，从单模到多模 229

A.7　范式转变：从单一文生图到多模态统一生成 233

A.8　展望 2030：视觉生成的未来趋势 235

附录 B　AI 生图操作入门 239

B.1　使用 GPT-4o 240

B.2　使用即梦 AI 242

B.3　使用豆包 245

第 1 章
品牌宣传与营销设计类

1.1 基础概念

品牌宣传与营销设计类 AI 生图主要利用 AI 生图技术，为各类企业、个人品牌及电商品牌创建专业视觉资产。该类别具有以下特点。

- 视觉表现力突出：生成的图像极具吸引力和视觉冲击力。
- 生产效率显著提升：支持快速批量产出视觉内容。
- 商业价值明确：直接提升营销转化效果。

其市场优势体现在以下三个维度。

- 成本控制：大幅降低传统设计及制作成本。
- 创意支持：提供了多样化的设计风格。
- 周期优化：显著缩短营销物料的制作时间。

1.2 应用实例

实例 1：个人宣传海报

适用对象：自媒体内容创作者、职业培训讲师、自由职业从业者、专业教育机构等。

变现模式：

- 基础服务：按单张海报设计收费。
- 增值服务：提供综合设计方案（如个人品牌形象全案设计服务包）。

提示词： 复古宣传海报风格，突出中文文字，背景为蓝白放射状图案。画面中心是上图中的男主角，以精致复古风格绘制，面带微笑，气质优雅，具有亲和力。主题是"最新 AI 生图模型培训课"广告；强调"激发创意，商机无限"。

实例 2：理发店海报

适用对象：

- 区域型理发门店。
- 连锁美发机构。

变现模式：

- 单次服务方案：按视觉设计套餐定价收费。
- 长期服务方案：年度视觉更新服务（含每月 1~2 套视觉素材更新）。

提示词：以这个模特为蓝本，生成一张九宫格照片，里面是他和 9 种不同的发型，作为理发店的宣传海报。

实例 3：品牌 Logo 融合城市天际线

适用对象：

- 区域商业机构。
- 市政服务单位。
- 活动承办组织等。

变现模式：

- 品牌联名视觉设计：定制化宣传物料（示例："温哥华之夜 × 星巴克"联名风格视觉方案）。
- 专项活动视觉包装：主题活动专属视觉体系设计。

注意：所有设计方案均支持根据合作方的品牌调性进行个性化定制。

> **提示词**：一张高分辨率照片捕捉到晴朗白天的天空，天空中散布的云朵自然形成了 Google 标志的形状。画面下方是旧金山标志性的城市天际线，横贯整个画面，包含金门大桥和泛美金字塔等知名地标，整体沐浴在柔和的阳光中。

实例 4：Q 版品牌形象图（迷你星巴克）

适用对象：

- 连锁品牌企业。
- 网红商业实体。

变现模式：

- 品牌 IP 开发：定制化吉祥物形象设计；品牌视觉识别系统构建。
- 场景营销方案：主题场景视觉图制作；多平台营销素材套系开发。

> **提示词**：3D Q 版迷你风格，一个充满奇趣的迷你星巴克咖啡馆，外观就像一个巨大的外带咖啡杯，还有盖子和吸管。建筑共两层，大大的玻璃窗清晰地展示出内部温馨的情景：木质的家具、温暖的灯光以及忙碌的咖啡师们。街道上有可爱的小人偶漫步或坐着，四周布置着长凳、街灯和植物盆栽，营造出迷人的城市一角。整体采用城市微缩景观风格，细节丰富、逼真，画面光线柔和，呈现午后的惬意。

实例 5：电商产品主图（番茄酱）

适用对象：

- 国内电商平台商户（淘宝、拼多多等）。
- 跨境电商经营者（亚马逊等）。

变现模式：

- 基础服务：按 SKU 单品计价；主图设计：5～30 元/张（视复杂度而定）。
- 组合服务：主图+详情页套餐服务；提供阶梯式打包优惠方案。

以上同样适用于实例 6。

提示词： 为亨氏番茄酱广告制作一个包装镜头。将番茄酱瓶放在右下角的空白处。瓶子应略微倾斜，向中心倾斜。中间应该有英文文字（翻译为中文的意思是"番茄酱之王"）。文字应该用番茄酱制成的类似手写体的字体书写。文字应该是光泽的红色。番茄酱瓶应该是打开的，营造出番茄酱文字从中流出的视觉效果。

实例6：电商产品主图（宝石手串）

提示词： 在一只手里有一串彩色天然宝石手串，珠子颜色鲜艳多样，包括红色、蓝色、黄色、橙色和青绿色，质地光滑，在阳光照射下微微反光，珠串呈圆形。背景是一片盛开的雏菊花田，绿色草地点缀着密集的小白花，阳光明媚，画面色彩饱和，充满夏日的自然氛围。整体构图清晰，细节丰富，突出展示手串的质感与自然背景的生动对比。

实例 7：餐厅菜单配图

适用对象：

- 中小型餐饮企业。
- 区域美食品牌。

变现模式：

- 菜单视觉升级服务：单点设计服务。
- 套餐优惠方案：基础套餐，20 张菜单图设计（建议 50 元起）；定制套餐，根据菜品数量提供阶梯式报价。

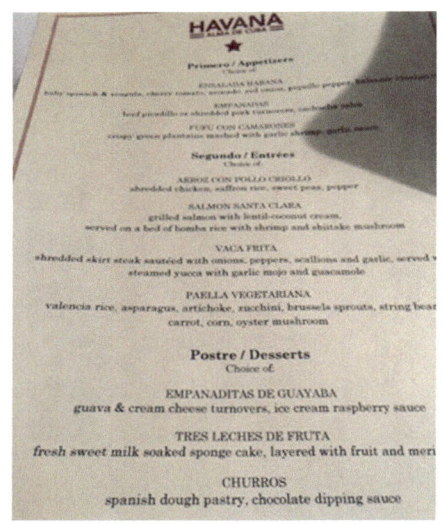

提示词： 请为上述文字菜单配上图像。

HAVANA
ALMA DE CUBA

ENSALADA HABANA
Choice of
baby spinach a arugula
cherry tomatoes; avocado fresh
mango, raspenbier vinigrette

EMPANADAS DE PICADILLO
2 iumovers vin
seasoned ground beef,
avocado sauce

FUPO CON CAMARONES
spicy sauteed shrimp
served over plantains

Segundo / Entrées
Choice of

ARROZ CON POLLO CRIOLLO
shredded chicken saiteed
with rice, green peas, anp

SALMON SANTA CLARA
Seared saimon
over a bomba rice topped
with shrimp & shitake mushroos

YUCA FRITA
shredded skirt steak onions,
parsley, gattic, seroed w
crispy cassava

Postre / Desserts
Choice of

EMPANADAS DE GUAYABA
guava and cream cheese
turnovers with ice creamsase

TRES LECHES DE FRUTA
fresh sweet milk so-
ked sponge cake mixed
berries

PAFLLA VEGETARIANA
Spanish bomba rice vith
seasoual vegetables mushro:
rooms; asparaguesa, anichokee
green peas & roasted pepper

CHURROS
spanish dough pastry
chocolate dipping sauce

CHURROS
spanish dough pastry vs
chocolate dipping sauce

实例 8：电商产品英文翻译图

适用对象：

- 跨境电商平台卖家。
- 海外独立站运营商。

变现模式：

- 多语言视觉营销方案：图文一体化翻译服务，支持主流语种适配。
- 基础报价标准：单张图像+文案翻译：100 元~200 元（根据语种难度和文案长度浮动）。

提示词：把这张图中的中文翻译为英文。

实例 9：短视频封面

适用对象：

- 数字内容创作者。
- MCN 机构。

变现模式：

- 订阅制视觉服务：月度订阅套餐、季度订阅套餐。
- 主要内容包括批量短视频封面图设计、统一视觉风格定制、定期内容更新维护等。

提示词： 请制作一张视频分享网站视频缩略图：左边是这个人双手捂脸、露出惊讶表情；右边是一个ChatGPT聊天窗口的部分截图（写着"GPT-4o IS INSANE"，"o"这个字母只露出左半边，"E"这个字母只露出左半边：制造悬疑感）。

实例 10：品牌周边（地毯）

适用对象：

- 品牌持有方。
- IP 版权方。
- 电商周边商品店铺。

变现模式：

- 核心设计服务：周边商品视觉方案设计、衍生品创意开发。
- 增值服务：OEM 代工资源对接、生产供应链整合支持。

以上同样适用于实例 11、实例 12。

> **提示词：** 创作一张色彩鲜艳的手工簇绒地毯图像，形状像字母 G，放置在上传图像的地板上。地毯设计大胆、俏皮，质地柔软蓬松，纱线细节浓密。鲜艳的色彩、卡通般的轮廓，以及触感舒适的材质——与手工簇绒艺术地毯颇为相似。

实例 11：品牌周边（服装）

提示词： 一件街头风格的运动卫衣，带有白色和绿色的细节；拍摄风格为时尚摄影；模特摆出动感姿势；背景温馨且为室外场景；特写镜头。

实例 12：品牌周边（贴纸）

> **提示词：** 你能为我制作一个可爱的极简狸猫吃草莓的贴纸吗？使用厚实白色边框和透明背景。

实例 13：宣传理念广告

适用对象：

- 独立设计师品牌。
- 社交媒体话题营销团队。

主要内容：

- 主题周边开发：社会议题系列产品设计（如主题 T 恤），热点话题视觉转化方案。
- 营销增值服务：配套社交媒体传播素材包、话题营销策略咨询。

提示词： 为海外客户设计一件印有英文"人类只有两种性别：女性与男性"的 T 恤，融入一些巧妙有趣的设计元素。清晰地展现这件 T 恤在男、女模特身上的穿着效果，让两个模特分别穿着同款 T 恤，但颜色不同。

实例14：名片

提示词： 使用下列信息生成一张名片，背景为上图所示的图像风格，整体风格简洁专业：

- 品牌名称：优术咨询有限公司
- 标语：优化 AI 技术 提高企业效率
- 姓名：张翔
- 职位：总经理
- 手机号：188-8888-8888
- 邮箱：michaelzhang@youshuconsulting.com
- 网站：youshuconsulting.com

优术咨询有限公司
优化AI技术 提高企业效率

张翔
总经理

📞 188-8888-8888
✉ michaelzhang@youshuconsulting.com
🌐 youshuconsulting.com

实例 15：模特带货短视频

提示词： 生成一张图像：一位美丽的斯堪的纳维亚女性，拥有自然的金发，披散成柔和随性的波浪卷，站在一个柔光照射的极简卧室中。她身穿简约休闲的服饰：白色背心、黑色骑行短裤，以及一双中性色调的 New Balance 运动鞋，整体造型干净利落。她手中拿着一双 New Balance 530 运动鞋，自然地展示出这款鞋的流畅多变风格。房间采用温馨的中性色调，展现斯堪的纳维亚的设计元素——浅色木材、柔和材质、干净的线条，以及背景中的一面全身镜。整体氛围现代、轻松且引领时尚，完美呈现以 New Balance 530 运动鞋为核心的生活方式，用户生成内容（UGC）风格。

把生成的图像放入可灵官网,生成视频。视频提示词与生图提示词相同,仅多加一句话:"她在谈论该产品",并且在生成视频时单击功能界面上的 Lip Sync(唇形同步)功能即可。

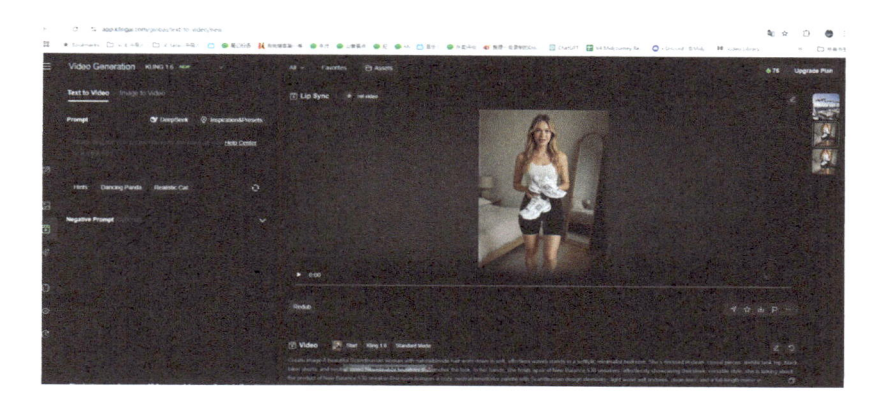

实例 16：文艺演出门票图案

注意： 本图为 AI 生成；不侵犯任何真实人物的肖像权。

提示词： 为上图这名脱口秀演员（虚构人物，Mike Jax Bennett）设计一张时尚逼真的脱口秀门票，以单色丝网印刷的方式突出展现 Mike 的艺术渲染图（附图），并以受朋克摇滚杂志美学启发的单色丝网印刷侧面像。以不规则的朋克摇滚字体清晰呈现演唱会细节。

艺术家：Mike Jax Bennett

巡演：Echoes & Reflections Tour 2024

地点：华盛顿州西雅图派拉蒙剧院

日期和时间：2024 年 8 月 17 日，星期六，晚上 8:00

座位：A 区，第 4 排，第 12 座

请使用适合演唱会门票的尺寸。

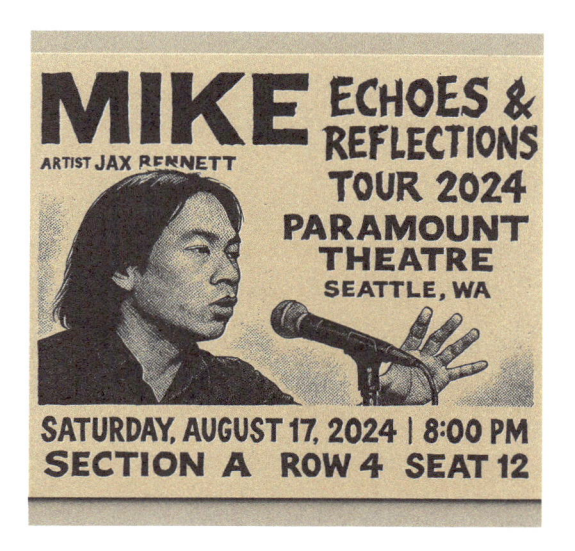

实例 17：产品详情页

提示词： 生成一张产品营养成分对比图。（竖图）用于电商详情页。图像细节如下：

白色背景图中的主要元素是三个柱状对比图，三个柱状体分别为：

1. 鹰嘴豆和牛肉方块混杂构成的长方体柱状体。

2. 奶油构成的长方体柱状体。

3. 液态溅开的一团牛奶。

文本如下：

上方标题：>10 倍牛奶蛋白，高蛋白中的双蛋白。

次标题：本品蛋白质含量对比（g/100g）。

三个柱状体上方的文字：

本品蛋白质含量：32.6g。

国标高蛋白含量：≥20g。

牛奶蛋白质含量：3g。

图像右侧需要以 0、10、20、30 的刻度虚线数轴来方便识别柱状体达到的蛋白质含量高度。

浅色背景，食欲感，高清。

确保主要视觉元素排版合理，不要相互遮挡。

>10倍牛奶蛋白
高蛋白中的双蛋白

本品蛋白质含量对比(g/100g)

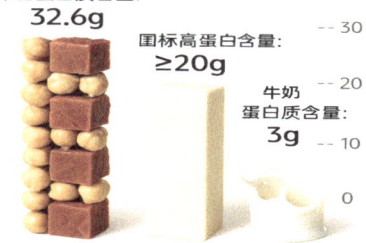

本品蛋白质含量：
32.6g

围标高蛋白含量：
≥20g

牛奶
蛋白质含量：
3g

-- 30
-- 20
-- 10
0

实例 18：自由搭配人物与商品构成电商广告图

（图一）

（图二）

提示词： 让图二的蒙娜丽莎带上图一的丝巾生成一张油画。

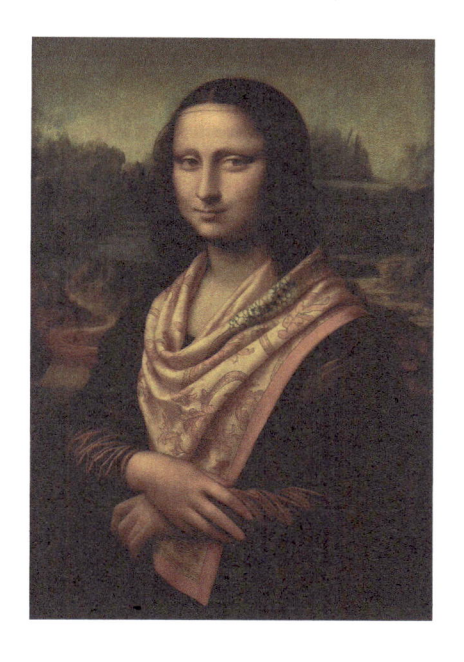

实例19：色盘秒变高级感图像

PANTONE 290 水蓝淡绿
PANTONE 502 粉色淡红
PANTONE 32522 翡翠水蓝
PANTONE 705 甜美公主

> **提示词：** 根据这些潘通色卡创建一张卡通风格的甜品店英文图像，图中有一个微笑的女孩顾客。

实例 20：去除图像中的不相干要素

提示词： 修改以上图像，要求是移除图中的所有人，100%保留所有室内布置和店铺实景。

1.3 变现思路

思路 1：小红书平台快速变现

- 账号定位：高效品牌视觉优化专家。
- 主要内容：99 元爆款海报设计。
- 变现模式：采用 AI 辅助设计，日均产能 30 张设计稿，单月营收突破 1 万元。

思路 2：餐饮行业菜单设计服务

- 主要内容：线上沟通需求、菜单视觉重构、周期性更新和维护。
- 变现模式：基础设计套餐+季度维护服务。

思路 3：品牌衍生品全流程服务

- 主要内容：品牌 IP 形象设计（Q 版人物等），对接实体生产资源（印刷厂、OEM 厂商）。
- 变现模式：设计服务费+生产环节佣金。

思路 4：电商服务视觉外包

- 主要内容：注册电商平台（如淘宝、拼多多等）服务市场设计类目，单品主图定制化设计、商品详情页视觉更新。
- 变现模式：与电商机构建立长期供应关系（成为其视觉供应

商）。

运营关键词示例："小店视觉焕新""一站式爆款图打造"。

思路 5：跨境独立站视觉服务

- 主要内容：为跨境电商独立站（Shopify 等平台）进行原生英文视觉内容创作、图文一体化设计（减少翻译失误，确保风格统一）。
- 运营关键词示例："全球化视觉解决方案""跨境品牌视觉升级"。

1.4 运营建议

- 明确目标客户（是电商或实体，还是 IP）。
- 效率提升方案：建立标准化设计模板库、优化 AI 提示词体系。
- 产业链延伸：整合设计生产流程、提供增值服务。
- 多平台协同：社交媒体引流、电商平台承接、私域流量转化。

第 2 章
建筑设计与空间效果图类

2.1 / 基础概念

建筑设计与空间效果图类 AI 生图主要利用 AI 生图技术,将建筑设计方案、平面图纸及空间构想快速转化为具有高度真实感的可视化成果,主要包含三维建筑效果图、室内场景渲染图和装饰方案展示图。该类别具有以下特点。

- 精准的空间表现力。
- 真实的材质质感。
- 逼真的光影效果。

主要应用于室内装饰设计、房地产营销推广、家居产品展示和商业空间规划(含餐饮空间、办公环境、展览展示等)。

其市场优势体现在以下三个维度。

- 成本效益:大幅降低传统 3D 建模与渲染成本。
- 效率提升:显著缩短方案可视化周期。
- 营销赋能:增强方案展示效果,促进商业转化。

2.2 / 应用实例

实例 21：室内空间的数字化陈设

应用场景：

- 房地产销售展示。
- 家居产品营销推广。
- 样板间虚拟布置。

变现模式：

- 基础服务：按效果图数量计费（建议 5～30 元/张）；根据场景复杂度分级定价。
- 增值服务：批量套餐方案；多视角场景套餐。

市场优势：

- 成本节约：免除实体家具采购与布置成本。
- 效率提升：快速生成"理想居住状态"可视化方案。
- 灵活展示：支持多风格、多方案的即时切换。

注意： 本服务适用于毛坯房、空置房等多种场景，可配合 VR 看房技术实现沉浸式体验。

提示词： 请为这张室内照片摆放沙发、茶几、餐桌、餐凳、壁画及摆台饰品。

实例 22：平面图的三维可视化转换

应用场景：

- 建筑设计提案展示。
- 房地产项目营销推广。

变现模式：

- 基础转换服务：三维建模与渲染（建议 500～2000 元/套），根据项目复杂度分级定价。
- 增值服务：多角度渲染套餐、夜景效果组合。

优势：

- 成本效益：较传统建模方式节省 80% 以上费用。
- 效率优势：48 小时内完成标准项目交付。
- 质量保证：专业级渲染效果呈现。

提示词： 根据这张平面图创建超逼真的 3D 渲染建筑效果图。添加家具、饰面、纹理和深度。

注意： 由于大模型的固有缺陷，此类效果图与原图在家具摆放位置方面经常会有差异，因此渲染图仅供参考。

实例 23：古典艺术微缩场景的三维可视化

应用场景：

- 博物馆数字化展示。
- 文化展览馆互动装置。
- 文旅项目特色内容开发。

变现模式：

- 基础服务方案：古典名画三维场景再现（建议 300～1000 元/组）、标准组包含 10 个主题场景。
- 定制服务方案：历史场景精细化复原、交互式体验设计。

市场优势：

- 艺术价值：完美融合传统绘画美学与现代三维技术。
- 沉浸体验：再现身临其境的历史场景。
- 差异化特色：形成独特的文化展示解决方案。

提示词： 用【3D 微缩风格】生成《清明上河图》中的局部图像。

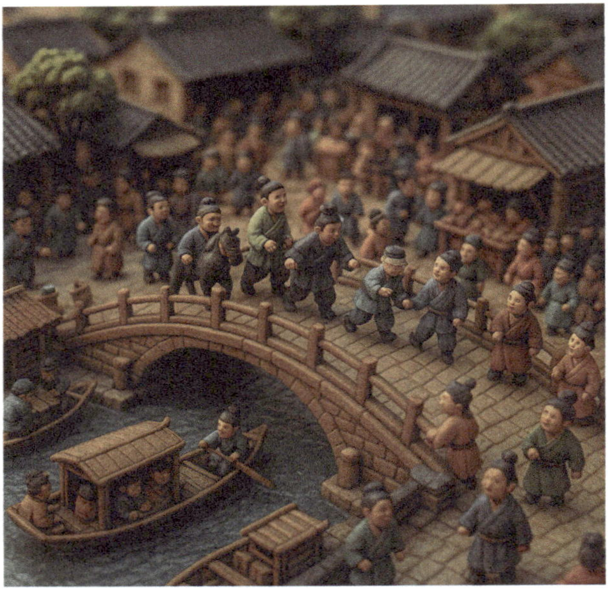

实例 24：停车场立柱的可视化设计

应用场景：

- 新建地产项目规划。
- 商业综合体停车场改造方案。
- 市政设施升级提案。

变现模式：

- 基础设计服务：立柱效果图方案（建议 500～2000 元/组）、包含多角度展示效果。
- 增值服务：动线规划示意图、照明效果模拟图。

市场优势：

- 操作便捷：简化传统设计流程。
- 效率优势：快速完成方案输出。
- 实用价值：可直接用于工程规划参考。

提示词： 将右图的图案随机应用于左图停车场的柱子，就像将它们涂在混凝土上一样。在提供的图案中，假设数字 1 为左上角的图案，数字 9 为右下角的图案。

实例 25：玻璃容器的数字化

应用场景：

- 家居品牌产品开发。
- 电商平台商品展示。
- 新品发布会视觉物料。

变现模式：

- 基础设计服务：产品效果图制作（建议 30～80 元/款），包含多角度展示方案。
- 增值服务：系列化产品设计、场景化应用展示。

市场优势：

- 成本控制：节省实体样品制作费用。
- 效率提升：免除传统摄影流程。
- 创意自由：支持无限次方案调整。

提示词：创建一张玻璃花瓶的照片。

材质：琥珀色/橙色玻璃。

比例：垂直排列，与玻璃水瓶比例相似。

形状：多个球形组合成一个形状，顶部有一个极窄的开口，球形形状朝开口方向逐渐变小。

呈现方式：白色背景，逼真渲染，方形图像。

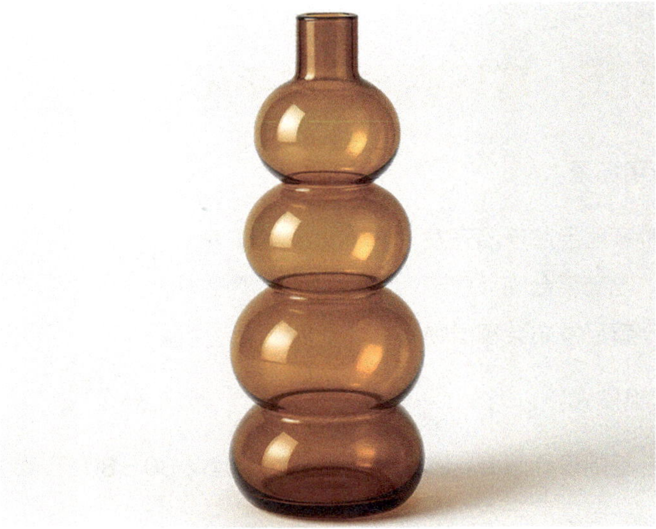

实例 26：超现实空间的融合设计

应用场景：

- 文创产品视觉设计（文化衫等）。
- 商业空间概念规划。
- 艺术展览方案设计。

变现模式：

- 基础设计方案：空间与人像融合场景（建议 1000～3000 元/套），包含 3~5 个主题视角。
- 增值服务：动态视觉效果设计、多方案比选设计。

市场优势：

- 创意表现：打造突破常规的空间体验。
- 营销赋能：增强商业项目的视觉吸引力。
- 艺术价值：创造独特的文化表达形式。

> **提示词**：一张超写实图像，展示一个迷你男子站在一个透明圆罩纪念品内。圆罩被四个手指捏住，背景是模糊的都市街景，远处可见上海的标志性天际线，包括一栋高耸的摩天大楼。圆罩内有几只白鸽在飞翔，营造出一种神奇梦幻的氛围。男子身穿黑色连帽卫衣，戴米色棒球帽，双手插兜，神情沉思。圆罩底部为金色，并带有优雅的黑色饰带与浮雕文字"Shanghai"。光线为柔和的白天自然光，具有电影感的

景深与高度细节。

实例 27：彩绘玻璃的艺术设计

应用场景：

- 宗教场所装饰工程（教堂、寺庙等）。
- 商业空间艺术装饰（主题餐厅、酒店等）。
- 文化场馆特色设计（博物馆、艺术中心等）。

变现模式：

- 基础设计服务：原创彩绘玻璃设计方案（建议 500～1500 元/稿），包含设计图与效果模拟图。
- 定制服务：历史文化主题复原设计，现代艺术风格创新设计。

市场优势：

- 专业壁垒：需要特殊的艺术设计能力。
- 利润空间：服务单价高于普通设计项目。
- 竞争环境：专业服务提供商稀缺。

> **提示词：** 一件关于凤凰的彩色玻璃艺术作品，由明亮的琥珀色和猩红色玻璃拼接而成，玻璃片之间以醒目的黑色线条分隔。光线透过玻璃，在下方的石质地面上投射出彩色的阴影。

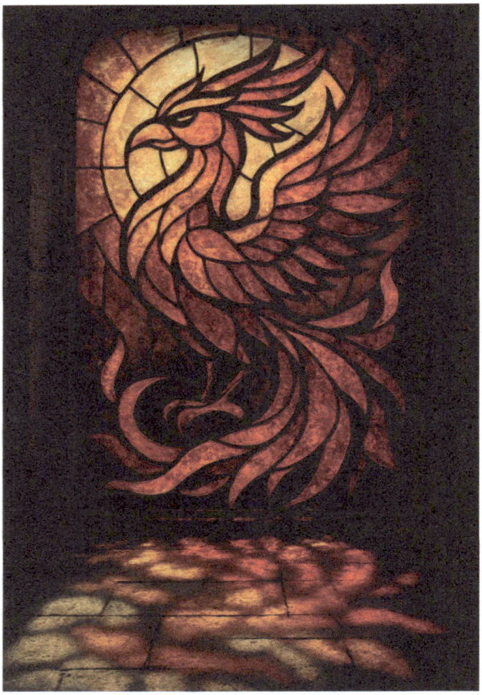

实例 28：商业能源站的 3D 可视化设计

应用场景：

- 招商推广方案展示。
- 品牌形象视觉包装。
- 工程建设项目投标。

变现模式：

- 标准服务套餐：全场景 3D 效果图设计（建议 5000～30000 元/套）、包含主视角效果图及细节展示。
- 高端定制服务：品牌专属空间设计、交互式 3D 演示方案。

市场优势：

- 营销赋能：呈现品牌理想空间的解决方案。
- 商业转化：有效提升项目中标率。
- 定制服务：满足高端客户的个性化需求。

提示词：

风格：3D 可爱风格插画，高饱和度配色，具体颜色取决于主体。

画幅：竖幅 4∶3 比例。

内容：【Google】加油机，加油机屏幕上显示咖啡液和刻度，机身上画着 Google 的 Logo。

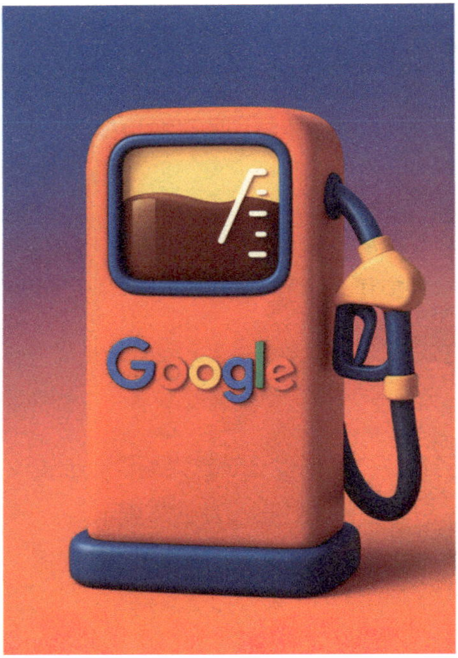
Google

2.3 变现思路

思路 6：房地产营销视觉服务

- 目标客户：专业房地产销售代理机构。
- 主要内容：新建楼盘户型快速可视化方案，24 小时完成样板间效果图制作。
- 服务成效：助力销售现场成交率提升 70%。
- 变现模式：建议 2000 元/组（含 3～5 个户型视角）。

思路 7：家居电商视觉解决方案

- 目标客户：跨境电商家具品牌。
- 主要内容：虚拟家具场景化展示，批量生成 100 多种搭配方案效果图。
- 服务周期：7 个工作日完成交付。
- 变现模式：建议 8000 元/百张（基础套餐）。

思路 8：文化展览数字体验项目

- 目标客户：地方政府文化主管部门。
- 主要内容：历史名画三维场景再现，以《清明上河图》为原型的微缩场景设计。
- 服务保障：包含 5 次方案修改及调整过程。

- 项目总价：建议 2.5 万元（含交互设计方案）。

思路 9：建筑设计领域外包服务

- 目标客户：专业建筑设计事务所、房地产开发企业。
- 主要内容：快速三维可视化方案制作、虚拟样板间全案设计。
- 合作模式：长期项目制合作、定期更新服务。
- 运营关键词示例："高效 3D 可视化解决方案""专业建筑效果图外包"。

思路 10：装饰工程视觉外包

- 目标客户：区域装修装饰公司。
- 主要内容：空间效果图套餐设计，包括客厅、卧室、厨卫等空间方案。
- 计价方式：按功能空间套餐收费。
- 运营关键词示例："装修签单视觉利器""空间预体验解决方案"。

思路 11：文旅产业数字化服务

- 目标客户：文旅项目运营方、文化展览机构。
- 主要内容：历史题材三维场景重建、数字文创内容开发。
- 衍生产品：文化展示短片、数字导览等素材。
- 运营关键词示例："历史文化场景数字化复原""沉浸式文旅体验开发"。

2.4 运营建议

目标客户：建筑设计从业者、房地产开发企业、文旅项目运营团队、装饰工程公司。

变现模式：

- 标准化服务套餐：单功能空间设计方案、住宅全案设计套餐、商业空间整体方案。
- 定制化服务：专项需求解决方案。

技术实施建议：

- 效率优化方案：AI 辅助快速生成基础图稿、专业软件精细化修饰。
- 质量控制：建立标准化审图流程，实施多级质量检查。

品牌建设方案：

- 案例库建设：持续更新成功案例、建立项目效果对比展示。
- 价值提升：通过案例积累提升服务溢价能力，打造行业标杆项目。

第 3 章

图书封面与插画设计类

3.1 基础概念

图书封面与插画类 AI 生图主要利用 AI 生图技术，为各类出版物提供专业视觉解决方案，主要包括封面创意设计、内文插图创作、学习信息图表设计和报纸杂志插画制作等。该类别具有以下特点。

- 个性化定制：支持多样化的风格需求。
- 美学价值：保证高水准的视觉呈现。
- 叙事表达：强化内容的视觉传达效果。

主要目标客户包括传统出版机构、独立创作者、在线教育内容创作者和自媒体知识付费从业者等。

其市场优势主要体现在以下三个维度。

- 提升出版物市场竞争力。
- 增强内容表现力。
- 优化阅读体验。

3.2 应用实例

实例 29：图书封面（有参考图）

- 主要内容：基于参考图的创意设计、主题概念视觉化呈现、情节元素艺术化表达。
- 适用范围：纸质出版物、电子书出版物、Kindle 等数字阅读平台的内容。
- 变现模式：基础设计套餐建议为 800~1500 元/本；高级定制套餐建议为 1500~3000 元/本（根据设计的复杂度分级定价）。
- 市场优势：较传统设计方式节省 50%以上成本；单项目收益可观；独立作家群体规模年增长率超过 20%。

提示词： 请参考这本书的封面风格，给我生成一个主书名为"Vibe Coding"，副书名为"NATURAL LANGUAGE PROGRAMMING 101"的封面。动物选择兔子。作者为"Michael Zhang"。

实例 30：图书封面（有主题）

提示词： 先思考怎么设计主题为"防止虚拟被诈骗"的图书封面，才能更有吸引力？然后生成一张图书封面的效果图。

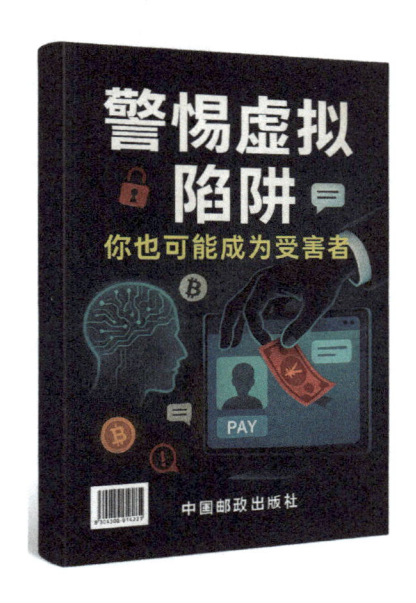

注意： 此图为 AI 大模型生成，仅为示意，并非真有其书。

实例 31：图书封面（有故事情节）

提示词： 请你根据上图中的故事梗概设计一个吸引人的图书封面。将书名修改为"FRIGHTMARES"。字体手写化一点。在封面底部加上印刷体的作者英文名："EVA V. GIBSON"。封面要以小丑为主角。

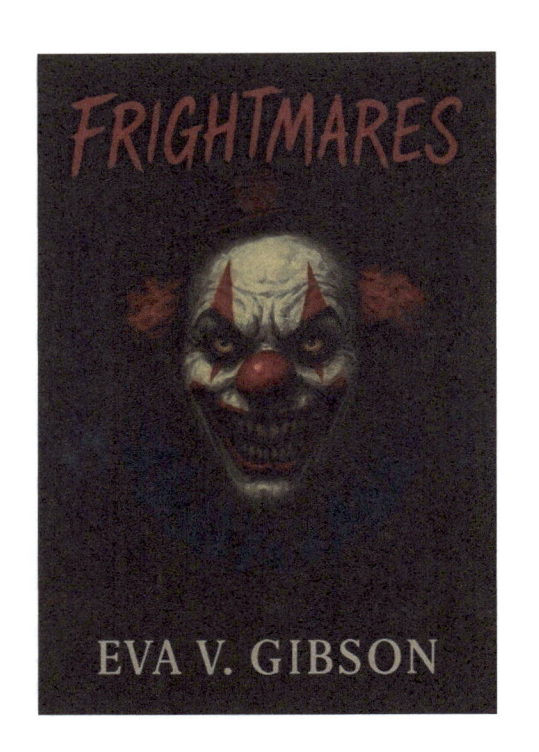

FRIGHTMARES

EVA V. GIBSON

实例 32：小说插画

- 主要内容：章节分隔插图、跨页场景插画、电子漫画风格配图。
- 主要应用场景：传统出版物内文配图、电子书内容增强、网络文学平台展示。
- 变现模式：单幅计费，如 200～800 元/幅（建议）、项目打包等，可按小说体量整体报价。
- 核心价值：阅读体验提升，增强内容可视化表现；读者互动强化，通过视觉元素建立情感连接；作品价值增值，提升作品整体的艺术品质。

提示词：请你根据科幻小说《带上她的眼睛》里的一段描写生成一张小说插图。"……呆呆地看着我。在肥大的太空服中，她更显得娇小，一副可怜兮兮的样子，显然刚刚体会到太空不是她在大学图书馆中想象的浪漫天堂，某些方面可能比地狱还稍差些。我觉得这种太空服很奇怪：在服装上看不到防辐射系统，放在她旁边的头盔的面罩上也没有强光防护系统；我还注意到，这套服装的隔热和冷却系统异常发达……她的双手在太空服的手套里且握在胸前，双眼半闭着，似乎在决定是生存还是死亡……"

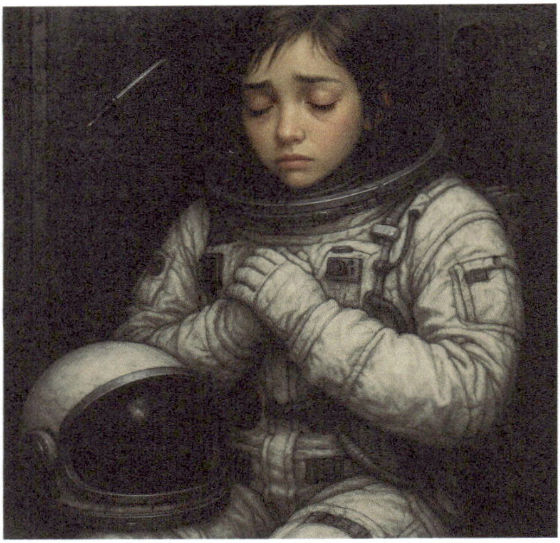

实例 33：教育可视化图表

- 主要内容：手绘风格的学习计划图、成长思路的可视化设计、课程内容的图示化呈现。
- 主要应用场景：K12 教育产品开发、个人成长规划工具和在线课程教学辅助。
- 变现模式：建议基础单图 50～150 元/张；套餐定制每套 500 元起（含 5～10 张主题关联图表）。
- 市场优势：需求稳定，教育行业持续增长，效果显著，提升学习内容吸引力，价值延伸，支持多场景复用。

注意： 建议按学科细分定制，可匹配语文、数学、英语等不同科目的教学需求。

提示词: Create a colorful, hand-drawn "AI Cheat Sheet" as if sketched by a smart, quirky kid using crayons. Use vibrant rainbow colors (yellow, purple, orange, green) on a messy, energetic layout. Title the roadmap: "My AI Journey".

Draw a wavy path or rollercoaster with five clear stages, each labeled with accurate English text:

"Step 1: Speak Robot (Python!)" — Show a stick figure talking to a smiling robot.

"Step 2: Think Like a Brain (Neurons & Logic!)" — Include a cartoon brain-tree sprouting from a Python book.

"Step 3: Baby AI Walks (Linear Models & Stats)" — Show a crawling baby robot next to math symbols.

"Step 4: AI Gets Eyes & Ears (Vision & Language!)" — Add robots with cameras and speech bubbles.

"Step 5: Final Boss: Transformers & Big Models!" — Depict an epic showdown vs. a giant LLM boss with "Build Your Own Robot Army!" sign nearby.

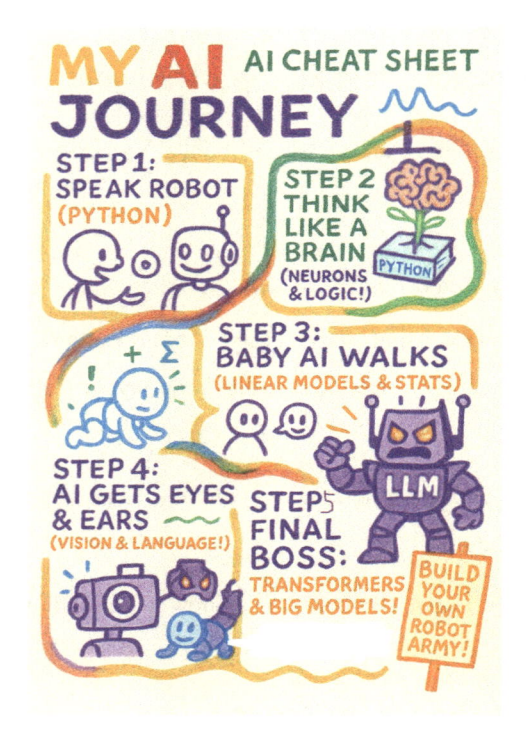

实例 34：文旅手绘

- 主要内容：旅游景点手绘地图、城市宣传插画设计、文化小报等视觉创作。
- 主要应用场景：旅游纪念品开发、城市形象宣传物料、文化推广手册制作。
- 变现模式：按地标数量计价为 50～200 元/个（建议），按版面面积计费为 300～800 元/版（建议），整体项目打包价可面议。
- 目标客户：地方政府宣传部门、文化旅游管理机构、高校文化推广部门、文创产品开发企业。

市场优势：

- 需求明确，是文旅推广刚需适用多场景，符合文化产业发展方向。

> **提示词**：绘制一张色彩鲜艳、手绘风格的北京旅游手账插画，仿佛由一位充满好奇心的孩子用蜡笔精心创作。画面整体用柔和温暖的黄色为背景，搭配鲜明的红色、蓝色、绿色等亮丽颜色，营造温馨而充满童趣的氛围。插画中间绘制一条蜿蜒曲折的旅行路线，用箭头和虚线标记出各经典地点，沿途包括：
>
> - "吃碗老北京炸酱面！"
>
> - "登顶景山，看紫禁城！"
>
> - "逛逛神秘的故宫！"

- "最终站：尝一口地道的北京烤鸭，再买点纪念品回家！"

插画周围布满趣味元素：

- 拿着冰糖葫芦、吃着冰激凌的开心小朋友；
- 指示牌："注意人流！"；
- 将天安门、故宫、长城等经典地标用简单的童趣风格画出。

实例 35：儿童情感主题绘本

- 主要内容：原创友情主题绘本创作、配套短视频素材设计、早教机构定制化教材。
- 主要应用场景：亲子共读出版物、数字育儿内容创作、早期教育课程教具等。
- 变现模式：基础套装（4~8页）：300元~1500元（建议）。

市场优势：

- 国内绘本市场规模超 50 亿元，具有规模优势。其消费特征是家长情感投入驱动购买决策。优质原创内容持续稀缺。

提示词：你现在可以持续生成多张图像，直到生成所有图像后才停止。请创作一本面向[4~8岁]儿童、共[4]页的[友情]主题的故事绘本。第一步先明确故事的基础信息。

- 故事名称为"好朋友不会以貌取人"。

- 故事核心价值观/寓意。

- 主人公设定：主人公名字、性格特点、外貌特征、兴趣爱好等。

第二步生成每一页，先撰写一段简短的文字，风格简单、有趣、生动，围绕一个清晰的故事情节展开，包括开头、中间和结尾，角色贴近孩子们的生活，传递积极向上的友情信息。

第三步为每一页的文字都生成一个皮克斯卡通风格的绘本。

- 绘本需色彩鲜艳、生动有趣,适合儿童欣赏。

- 绘本图像尺寸比例为 2:3 竖版。

- 在绘本中融入当页文本,如果有对话,则用气泡文字。

- 绘本中的文本语言使用[中文]。该提示词确保故事适合目标年龄,绘本生动且富有教育意义,能够顺畅地生成文字和绘本内容。

实例 36：心理健康教育的视觉设计

主要内容：专业心理辅导海报设计、情绪管理可视化图表（含色轮花瓣图等）、心理健康知识科普插画。

主要应用场景：心理咨询室环境布置、心理健康教育活动、校园心理辅导宣传等。

变现模式：

- 定制设计：100～300 元/张（含 3 次修改调整，建议）。
- 量产套餐：基础版，10 张系列海报价格 2000 元（建议）；专业版，20 张系列海报价格 3500 元（建议）。

市场优势：

- 科学准确：符合心理学专业规范。
- 视觉友好：采用温和的色彩系统。
- 实用性强：即用型设计文件交付。

> **提示词**：一张高质量的 3D 渲染插图，展示一个色轮标志的设计。图案由八片对称的花瓣形叶片组成，呈完美的圆形花朵图案排列。每片叶片都像彩色玻璃一样半透明，采用柔和的粉彩色调，包括粉色、橙色、黄色、绿色、蓝色和紫色。花瓣略有重叠，在交会处形成柔和的渐变色。背景为平坦的浅色表面，采用均匀柔和的光线照明，使整个画面呈现现代、精致且专业的视觉效果。在图像底部添加文字"Variety in form is beauty."。

Variety in form is beauty.

实例 37：传统连环画的艺术设计

- 主要内容：古典风格的连环画创作、文化遗产的可视化呈现、国潮 IP 形象开发。
- 主要应用场景：重大文化工程项目、博物馆主题展览、新国潮艺术衍生品等。
- 变现模式：单组插图创作（5~10 万元，建议）、含 20~30 幅主题画作，大型项目包括综合文化工程（30 万元起，建议）、全案策划与执行。

市场优势：

- 文化价值：传承传统绘画技艺。
- 艺术品质：专业画师团队创作。
- 商业潜力：契合国潮文化热潮。

> 提示词：采用中国传统动画风格（彩色连环画风格），画面构图简洁，色彩鲜明，线条流畅且富有戏剧张力，融合水墨与戏曲元素，人物服饰、建筑细节均严谨还原历史背景，整体色调和光影处理突出事件的历史感与戏剧感。武则天摄政时刻。武则天身着唐代华丽宫装，神情庄重而坚定，手持象征权力的笏板，站立于巍峨壮观的大明宫前，阳光斜洒而下，整体画面色调偏冷，凸显历史转折的庄严氛围。

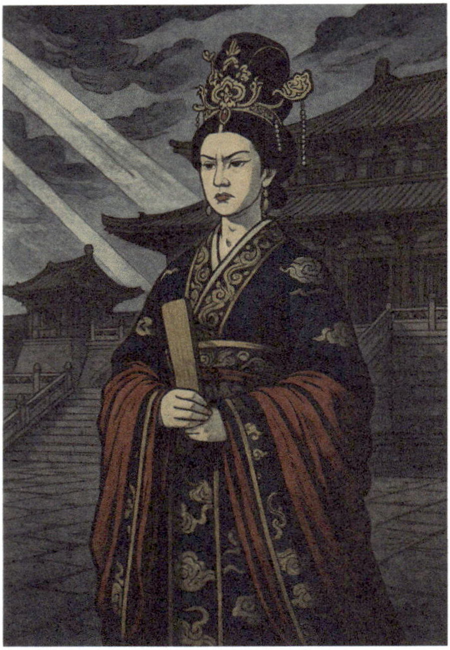

实例 38：电影国际化海报

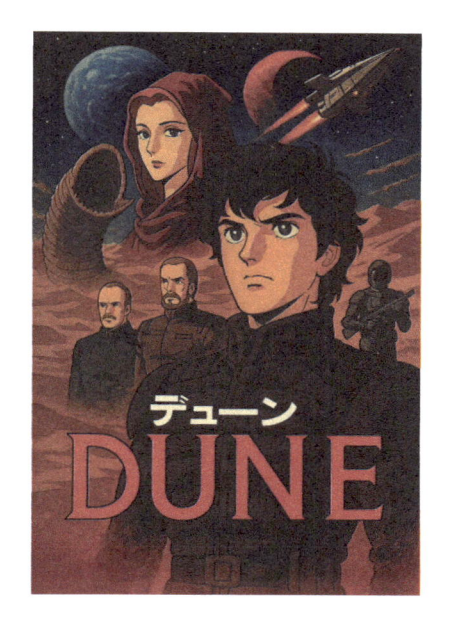

提示词： 请你参考这张科幻海报的风格，基于下面的科幻小说情节，创造一幅同样风格的海报——《带上她的眼睛》的故事情节简单而富有张力。作品的主人公是一位在航天中心工作的个人装备工程师，他在一次旅行中戴上了一副名为"眼睛"的中微子眼镜，从而得以将旅途中的所见所闻传达给另一位无法使用眼睛直接观察世界的人——一位年轻的女性地层飞船领航员——海报大标题为英文"WITH HER EYES"，小标题为日文"彼女の眼を连れて"。

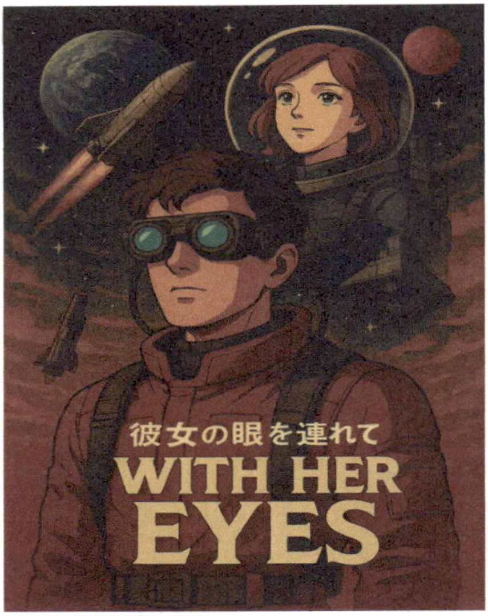
彼女の眼を連れて
WITH HER
EYES

3.3 变现思路

思路 12：独立出版作家视觉外包

- 目标客户：自出版作家群体。
- 主要内容：书籍封面定制设计、内文插图创作。
- 获客渠道：国际外包平台（Fiverr/Upwork）、社交媒体平台（小红书等）。
- 运营关键词示例："Kindle 书籍封面定制""自出版视觉升级方案。

思路 13：教育机构视觉服务

- 目标客户：K12 教育平台、大型开放式在线课程提供商。
- 主要内容：课程配套插图设计、学习思路可视化图表等。
- 运营关键词示例："AI 辅助学习思路设计""教育可视化解决方案"。

思路 14：文化机构定制服务

- 目标客户：博物馆及文化场馆、地方文化节组委会等。
- 主要内容：主题性文化插画、传统艺术风格创新设计。
- 运营关键词示例："文化 IP 视觉活化""场馆专属艺术设计"。

思路 15：儿童绘本创作项目

- 项目内容：8 页友情主题绘本插画。
- 项目周期：14 个工作日。
- 技术方案：AI 辅助生成+专业软件精修。
- 项目金额：12000 元（含 3 次修改，建议）。

思路 16：在线教育视觉项目

- 客户背景：知名 MOOC 平台。
- 主要内容：30 张 AI 学习思路图。
- 计价方式：800 元/张（总价 24000 元，建议）。
- 项目特点：系统化知识可视化。

思路 17：文旅导览设计项目

- 项目主题：北京城市文化手账。
- 主要内容：10 个核心地标视觉设计。
- 项目金额：8000 元（含版权授权，建议）。
- 交付成果：印刷级设计文件。

注意： 以上案例数据仅供参考，具体价格可能因需求复杂度而有所调整。

3.4 运营建议

建议进行作品库建设，包括：

- 风格分类储备：如浪漫童趣风格系列、国潮古典风格系列、科幻硬核风格系列。
- 案例展示体系：建立分类作品集、定期更新代表作。

制定服务定价体系，建议封面设计 800～3000 元/件，章节插画 200～800 元/幅，整套绘本 5000～20000 元/套，也可根据项目复杂度调整价格。

还要进行版权管理规范，版权选项包括买断制是原价+50%版权费；授权制是保留创作者署名权。还要注意在合同条款中明确使用范围及时限。

建议主动开发目标客户，包括教育机构（K12、高等教育）、出版单位（出版社、文化公司），以及文化场馆（美术馆、博物馆）等，向他们进行需求调研等。

第 4 章
人物形象数字化衍生类

4.1 基础概念

图书封面与插画类 AI 生图主要利用 AI 生图技术对人物形象进行艺术化处理,包括卡通风格转换、雕塑效果呈现、立体人偶设计、油画质感渲染等。

该类别具有以下特点。

- 高度个性化:支持完全定制化创作。
- 多风格选择:涵盖多种艺术表现形式。
- 快速交付:AI 技术支持高效产出。

主要应用场景包括社交媒体个人形象包装、IP 孵化与形象开发、亲子纪念品定制和短视频内容创作素材。

其市场优势主要体现以下三个维度。

- 精准特征保留:保持原貌识别度。
- 艺术效果多样:支持多种风格转换。
- 商业价值显著:提升个人/品牌形象传播效果。

4.2 应用实例

实例 39：吉卜力风格卡通肖像服务

主要内容：

- 真人照片艺术化转换：吉卜力动画风格肖像、个性化细节定制。
- 衍生应用方案：社交媒体头像套装、短视频人格化 IP 设计。

目标客户：社交平台个人用户、自媒体内容创作者和个人品牌建设者等。

变现模式：

- 单张转换：80 元~300 元（根据复杂度和定制要求建议制定价格）。
- 系列套装（5 张起），8 折优惠；年度会员制，定期更新服务。

市场优势：

- 需求稳定：社交媒体形象管理需求持续增长。
- 用户黏性：平均修复率达 45%。
- 传播效应：用户自发传播带来裂变，从而获客。

提示词： 请把这张照片转为吉卜力动画风格。

实例 40：三维雕塑的数字化设计服务

主要内容：

- 平面作品立体化转换：画作转 3D 模型、照片转雕塑设计。
- 全流程解决方案：数字模型设计、3D 打印生产、后期处理加工。

主要应用场景：

- 个性化纪念品定制。
- 艺术展览装置制作。
- 企业品牌形象开发。

变现模式：

- 整体服务套餐：设计+生产一体化服务、按项目整体报价。
- 分级变现模式：基础模型设计费用 2000 元～5000 元（建议）；成品制作费用可根据材质和尺寸另计。

市场优势：

- 商业价值：单项目收益可观。
- 技术门槛：专业设计能力要求高。
- 市场空间：高端定制需求持续增长。

提示词： 一张超写实图像，展示由闪亮大理石雕刻而成的超精细人物雕塑（参考图见上图）。雕塑应展现光滑且具有反光效果的大理石表面，突出其光泽感与艺术工艺之美。整体设计优雅，强调大理石的美感与深度。图像中的光线应增强雕塑的轮廓与纹理，营造视觉上震撼且令人陶醉的效果。

实例 41：个性化钥匙扣人偶定制服务

主要内容：

- 真人形象立体化设计：卡通风格转换、微缩人偶建模等。
- 生产配套服务：工厂代工生产、品质管控。

主要应用场景：

- 婚庆纪念品定制。
- 企业商务礼品开发。
- 亲子成长纪念品。

变现模式：

- 定制服务：按单设计生产，可以阶梯式定价。
- 批量服务：预设计批量生产，批发优惠方案。

提示词： 保持原人物清晰的面部特征、表情和姿势，将人物整体转化为一个精致、完整的 3D 人偶，采用可爱的 Q 版风格，人偶细节丰富，色彩饱满、明亮。人偶顶部带有条钥匙链，由一只手轻轻捏着钥匙扣环悬空展示。人偶下方是虚化的室内暖色木质桌面背景，环境光线柔和温暖，营造温馨舒适的氛围。

实例 42：团体纪念手办设计服务

主要内容：

- 集体照立体化转换：多人场景手办设计、个性化特征保留。
- 衍生品开发：纪念套装设计、礼盒包装方案。

主要应用场景：

- 企业团队建设纪念。
- 家庭聚会留念。
- 朋友社交礼物。

变现模式：

- 基础定价：单人形象设计费。
- 团体优惠：比如 5 人以上享 8 折、10 人以上享 7 折等。
- 增值服务：专属展示底座、纪念铭牌刻制等。

提示词： 把这张集体照转为手办图像。

实例 43：电商虚拟换装视觉服务之一

主要内容：

- 数字化模特换装方案：商品虚拟试穿展示、多角度效果呈现等。
- 场景化营销素材：直播带货背景图、商品详情页套图。

主要应用场景：

- 电商平台商品展示。
- 直播带货视觉升级。
- 社交电商内容创作。

变现模式：

- 基础套餐：100 元/套（含 3 个展示角度）（建议）。
- 高级套餐：场景化系列方案（300 元起）（建议）。
- 批量优惠：10 套以上享 8 折（建议）。

市场优势：

- 成本节约：免除实拍费用。
- 效率提升：快速更新展示。
- 效果保证：专业级视觉呈现。

提示词： 请把模特身上的这套服装改成传统女士风衣。

实例 44：电商虚拟换装视觉服务之二

提示词： 请生成一幅与这套服装很相配的手提包的图像。

实例 45：未来形象预测娱乐服务

主要内容：

- 儿童成长面貌模拟：基于遗传特征分析，多年龄段形象预测。
- 互动体验方案：线上小程序应用、线下体验馆项目。

主要应用场景：

- 亲子互动娱乐活动。
- 主题乐园体验项目。
- 家庭纪念性娱乐。

变现模式：

- 线上服务：小程序付费使用、会员制增值服务。
- 线下合作：主题场馆分润模式、活动定制服务。

市场优势：

- 趣味性强：满足家庭娱乐需求。
- 科技体验：AI 技术可视化呈现。
- 情感价值：创造家庭互动话题。

注意： 本实例为娱乐性质项目，预测结果仅供参考，实际效果可能因个体差异而有所不同。

提示词： 请你给出你预测的这对夫妇结婚后生下的女孩子的长相，像妈妈多一点，10岁左右。

实例 46：真人与卡通的融合创意服务

主要内容：

- 真人影像艺术化处理：二次元风格融合、跨次元互动设计。
- 创意内容开发：短视频特效制作、互动营销素材等。

主要应用场景：

- 品牌商业短片制作。
- 社交媒体网红营销。
- 跨次元广告创意。

变现模式：

- 高端定制：项目制收费（5000 元起，建议）、按创意复杂度分级定价。
- 稀缺性：专业艺术设计门槛、差异化视觉表现。

服务优势：

- 传播效果：增强内容记忆点。
- 品牌价值：提升营销调性。

提示词：《新世纪福音战士》的超写实 3D 渲染，完全依照剧场版动画中的原始设计建模。碇真嗣坐在昏暗、杂乱的 20 世纪 90 年代卧室地毯上，面朝一台正播放《新世纪福音战士》片段的 CRT 电视，VHS 播放器 旁散落着空的录像盒。房间充满 20 世纪 90 年代赛博朋克氛围与怀旧细节，旧报纸、能量饮料罐、带着电源嗡响的老式音响、霓虹色调的海报，还有满地缠绕的光缆和数据线。碇真嗣在转身的一瞬间被抓拍，微微回头看向镜头，标志性的冷峻而迷人的脸庞带着一丝若有若无的微笑。碇真嗣的上半身微微扭转，动作带有动态感，仿佛刚对闪光灯有所察觉。闪光灯轻微过曝了他的脸和男性标志性战斗服装，使他的五官在昏暗房间中格外突出。整张照片呈现出未经修饰的抓拍感，画面对比强烈、身后阴影浓郁，带着一种厚重的胶片颗粒质感，像是一张真实存在于 1995 年的模拟影像快照。

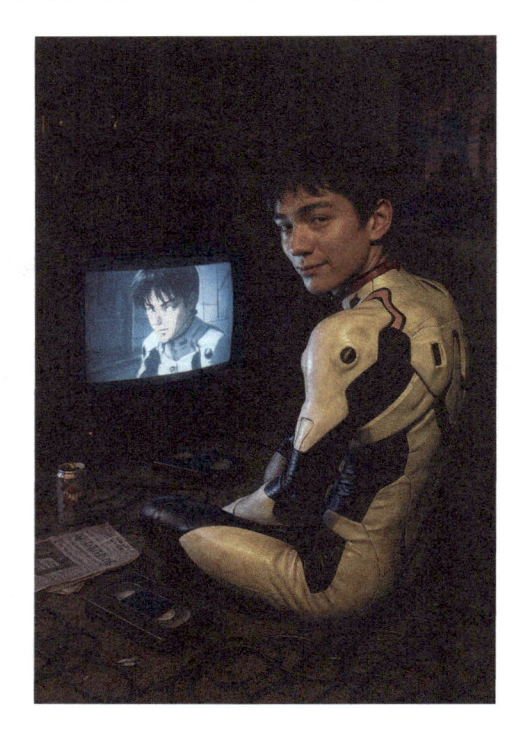

实例 47：照片转油画创作服务

主要内容：

- 照片艺术化处理：古典油画风格转换、多种画派风格可选。
- 实体输出方案：高清艺术微喷、专业画布输出。

主要应用场景：

- 艺术机构定制作品。
- 家庭纪念性艺术品。
- 商业空间装饰画。

市场优势：

- 艺术价值：专业画师参与调整。
- 品质保证：博物馆级输出标准。
- 情感价值：珍贵时刻的艺术升华。

提示词： 把这张真人照片转为印象派油画。

实例 48：超写实自拍增强服务

主要内容：

- 照片高清化处理：细节增强优化、质感提升处理。
- 娱乐化应用方案：表情包素材制作、趣味传播内容设计。

主要应用场景：

- 社交媒体娱乐内容。
- 明星周边产品开发。
- 网络流行文化创作。

服务特色：

- 娱乐性强：增强社交传播效果。
- 技术优势：保持高真实度处理。
- 商业价值：衍生内容变现潜力。

注意：如提示词里提及名人，请务必确保非商业用途，否则极有可能被起诉！

提示词： 请生成一张极其平凡无奇的智能手机自拍照，没有明确的主体或构图感，就像是随手一拍的快照。照片略带运动模糊，阳光或店内灯光不均导致轻微曝光过度。角度尴尬、构图混乱，整体呈现一种刻意的平庸感，就像是从口袋里拿手机时不小心拍到的一张自拍。主角是达·芬奇和外星人，旁边是温哥华美术馆。

实例 49：城市主题数字艺术创作服务

主要内容：

- 城市文化符号设计：地标性表情符号创作、城市特色元素艺术融合。
- 多场景应用方案：数字宣传素材、实体艺术装置等方案。

主要应用场景：

- 城市形象推广。
- 社交媒体传播。
- 公共艺术项目。

商业合作模式：

- 市政定制项目：整体方案设计（5 万元起，建议）、年度合作框架。
- 商业授权：多平台传播授权、衍生产品开发授权。

市场优势：

- 文化传播：强化城市品牌形象。
- 艺术创新：融合数字与传统。
- 商业潜力：多重变现渠道。

提示词： 在繁忙的中国香港维多利亚港的平静水面上，一只巨型充气小丑表情符号漂浮于中央，高达数层楼。背景是一排现代摩天大楼与玻璃幕墙的香港天际线，远处青黛色山脉若隐若现，云层均匀遮光，营造柔和的散射光。左侧有一艘白色双层渡轮经过，emoji 倒影在青灰色水面微微荡漾。整体色调冷暖对比鲜明，氛围既童趣又荒诞，超现实公共艺术装置感。超清 8K 摄影，宽幅构图，f/11，小景深，真实质感。

实例 50：3D Q 版人物角色

提示词： 根据所附照片创建一个风格化的 3D Q 版人物角色，准确保留人物的面部特征和服装细节人物。角色的右手比心（手指上方有红色爱心元素），俏皮地坐在一个巨大的 Instagram 相框边缘，双腿悬挂在相框外。相框底部显示用户名"MichaelZ"，四周飘浮着社交媒体图标（点赞、评论、转发）。

第 4 章 人物形象数字化衍生类

实例 51：图像融合设计

提示词： 把上传的图像中的流行文化符号（大叫的土拨鼠）变成：夸张的特征、模糊的纹理、光滑的米色背景、天鹅绒般的面料、异想天开的设计、玩具般的比例、俏皮的表情、毛绒细节、舒适而夸张的轮廓，打造一款毛茸茸的卡通新奇双肩包背在一位时尚的女性身上，镜头对准背部的背包，大步走在街上。

实例 52：邮票生成

提示词：把上面两张图里的人物形象转换为两枚经典的单色邮票，采用细致的线条和明暗阴影表现。对每枚邮票都使用不同的颜色，并添加邮票面值及根据主题配上的复古风格文字。

实例 53：服装设计稿转成衣效果图

提示词： 根据设计图，想象这件衣服的成品效果，渲染一张时装发布会走秀的效果图。

实例 54：卡通人物转真人

提示词： 请把这个卡通人物转为真人，背景是绿布（方便抠图）。

实例 55：表情包制作

提示词： 提取这个女孩的形象，做四个好玩的表情包。

4.3 变现思路

思路 18：社交媒体头像定制服务

- 核心产品：AI 生成卡通风格头像、数字雕塑风格头像。
- 变现模式：低价基础款引流（建议 79 元起）、高价定制款盈利（建议 299 元起）
- 运营关键词示例："动漫主角形象定制""艺术雕塑风数字头像"。

思路 19：家庭纪念品服务

- 核心产品：儿童成长纪念系列，年龄阶段卡通形象、实体钥匙扣衍生品等；婚恋纪念系列，情侣立体雕塑、限量版艺术油画等
- 运营关键词示例："成长纪念专属设计""爱情见证艺术藏品"。

思路 20：企业团体纪念服务

- 主要内容：团队合影 Q 版手办设计、企业周年纪念品套装等。
- 运营关键词示例："团队文化可视化""企业记忆实体化"。

思路 21：电商虚拟换装服务

- 主要内容：50 套新品虚拟换装、多角度展示方案。
- 项目价值：总费用为 8000 元（建议），为客户节省拍摄成本 60% 以上，缩短上新周期至 3 天。

注意： 以上案例数据仅供参考，实际收益可能因运营策略和市场环境而有所差异。

4.4 运营建议

- 产品体系构建：数字头像设计服务、迷你人偶钥匙扣、数字油画创作、立体雕塑作品等，可提供全流程一站式解决方案，支持产品组合定制。
- 情感价值塑造：通过专属包装设计、纪念证书配套和成长时间轴记录等方式强化纪念意义，提升仪式体验。
- 产业链整合：与包括 3D 打印服务商、工艺品制造厂和艺术微喷工作室等成为合作伙伴，稳定供应链体系，可享受批量采购优惠。
- 多平台营销方案：重点运营小红书（案例展示）、B 站（制作过程视频），以及 Instagram（国际客户开发）等平台，进行作品展示+制作花絮、客户见证+情感故事，以及限时优惠+节日营销等内容运营。

第 5 章

数字文创与艺术插画类

5.1 基础概念

数字文创与艺术插画类 AI 生图主要利用 AI 图像生成技术生成高审美价值、原创艺术设计的作品。其特点主要包括：

- 具有独特的美学风格、情感化视觉表达。
- 属于高附加值产出的领域，具有灵活的生产模式。

主要应用场景：

- 文化创意产业。
- 现代艺术展览。
- 数字内容创作。
- 品牌视觉升级。

市场优势：

- 高端定制：单件艺术品级创作、高单价专业服务。
- 批量生产：文创产品规模化、成本效益优化。

5.2 应用实例

实例 56：手绘金句的艺术创作

- 主要内容：名言警句视觉化设计，可以是个性化手绘风格或多主题系列创作。
- 应用场景：数字社交分享素材和实体空间装饰方案。

变现模式：

- 销售方式：单幅作品零售、主题合集套装。
- 授权模式：个人使用授权、商业使用授权。

市场优势：

- 受众广泛：覆盖多年龄层用户、适用多场景需求。
- 传播性强：引发社交分享热潮、形成话题效应。
- 制作高效：快速响应热点话题、支持批量创作。

提示词：创作一张手绘风格的信息图卡片，比例为 9∶16，竖版。卡片主题鲜明，背景为带有纸质肌理的米色或米白色，整体设计体现质朴、亲切的手绘美感。卡片上方以红黑相间、对比鲜明的大号毛笔草书字体突出标题，吸引视觉焦点。文字内容均采用中文草书，整体布局分为 2 至 4 个清晰的小节，每节以简短、精练的中文短语表达核心要点。字体保持草书流畅的韵律感，既清晰可读又富有艺术气息。卡片中点缀简单、有趣的手绘插画或图标，例如人物或象征符号，以增强视觉吸引力，引发读者思考与共鸣。整体布局注意视觉平衡，预留足够的空白空间，确保画面简洁明了，易于阅读和理解。\<h1>\认知\决定上限 \圈子\决定机会\</h1>你赚不到认知以外的钱，也遇不到圈子以外的机会。

技巧： 让指定文字变成红色，使用 Sora 或者 GPT-4o 画图，可以对文字部分使用 HTML 代码，若让某部分文字变成红色，HTML 则为\认知\。

实例 57：球星收藏卡

主要内容：

- 球星主题收藏卡创作：经典赛事瞬间、球星肖像艺术处理。
- 周边产品开发：签名版复刻、纪念套装设计。

变现模式：

- 基础销售：单张收藏卡（50～300元，建议）。
- 增值服务：限量编号版（500～2000元，建议）、典藏套装。
- 情感连接：满足球迷收藏需求、纪念重要赛事时刻。

> **提示词**：生成一张纵向比例的图像，画面为专业影棚风格的足球明星卡，主角是足球传奇人物梅西，他身穿标志性的阿根廷蓝白条纹球衣。在一个戏剧性的瞬间，梅西用力踢球，球卡边界被强力击碎，四分五裂。卡片仿佛炸裂开来，梅西从二维画面中冲出，跃入三维世界。画面前景是一颗高速旋转的足球，带有模糊动感直冲观众而来。背景中则是卡片被撕裂后的残片，黑暗背景下，破碎的卡片中迸发出极光般的光束，营造出一种超现实且极具冲击力的维度穿越效果。

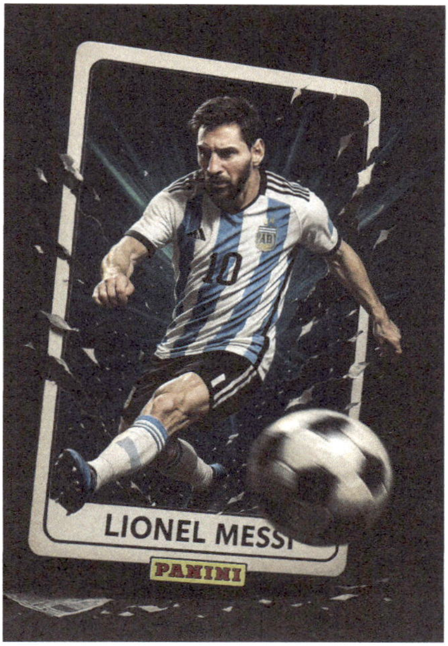
10
LIONEL MESSI
PANINI

实例 58：数字收藏卡

主要内容：未来风格数字卡片创作，赛博朋克美学设计、交互式元素集成，包括 NFT 数字藏品、实体收藏卡和游戏虚拟资产。

技术特色：NFT 技术认证、数字版权管理，虚实结合方案。

> **提示词**：一张未来感的交易卡片，带有暗调、情绪化的霓虹美学和柔和的科幻灯光。卡片中央是一个半透明的圆角矩形，边缘稍微发光，呈现类似全息玻璃的效果。中心是一个大型发光的谷歌 Logo，没有额外的文字或标签，使用平滑渐变进行照明，但不会过于明亮。卡片表面的反射应当细腻，能够捕捉到环境光。背景是深色碳纤维纹理或深渐变色，柔和的环境光从边缘扩散。加上从上方斜射下来的细微光束，给场景增添柔和的电影感光辉。对卡片的边缘和反射应用轻微的运动模糊，使场景呈现深度和活力，仿佛是高端技术动画中的一帧。卡片下方包括逼真的地面反射，反射出霓虹边缘和 Logo——稍微扩散以营造一种扎实的未来感。文字元素简约且柔和：左上方显示'{{股票交易代码}}'，右上方有一笔画风格的签名，底部显示'{{公司名}}'，并有序列号'，收入徽章'{{具体金额}}'和年份'{{四位数字}}'。字体应该有微弱的发光效果和轻微的模糊，所有元素应当呈现高端、优雅且柔和的照明效果——像是高端赛博朋克收藏卡。

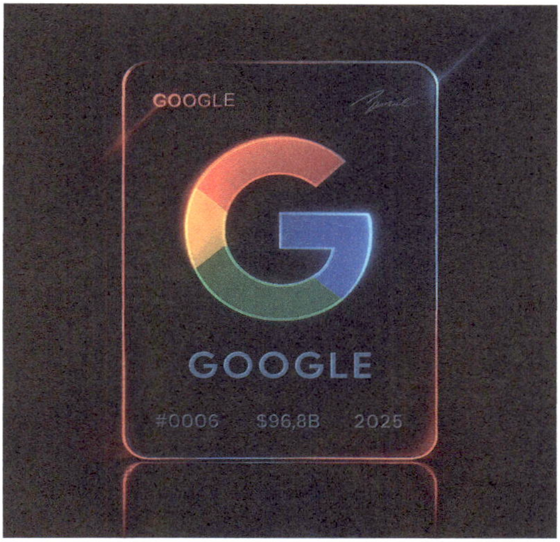
GOOGLE
GOOGLE
#0006
$96,8B
2025

实例 59：水墨风历史题材的创意设计

主要内容：经典典故创新演绎，历史场景水墨风格再现、幽默元素有机融合（如萧何骑共享单车追韩信）。

主要应用场景：可作为微博/抖音话题"古人也疯狂"或文化机构教育素材。

变现模式：基础套装建议销售 5 幅系列作品，也可搭配动态升级包。

提示词： 绘制一幅幽默的国潮水墨插画《萧何月下追韩信》：整体横版构图，夜色幽蓝淡彩，微黄月牙高悬，大片留白；远山叠翠、松林隐现、古桥流水，远处驿站灯火微亮，飞雁掠过天际，营造丰富而雅致的背景；前景韩信身穿汉代战袍、腰佩长剑，骑复古 28 大杠自行车疾驰逃跑；后方萧何身着汉代官服，相隔较远，骑同款 28 大杠自行车奋力追赶，衣袖飘扬；人物及车体夸张透视拉伸突出速度与喜剧效果，地面尘土飞扬以水墨飞白表现；整体采用写意水墨线条与淡彩晕染，层次清晰分明，角落落款包括题字与朱印，营造穿越幽默的国潮意境。

萧何月下追韩信

实例 60：传统题材创新插画设计

主要内容：

- 经典题材再创作：水墨风格幽默插画、历史典故等现代表达。
- 多平台适配方案：文化推广素材、短视频内容包。

商业模式：

- 系列化产品：主题套系（如"楚汉风云"系列），每套 5~10 幅作品。
- 授权方式：数字内容授权、实体衍生开发权。

创作特色：

- 文化内涵：传统水墨技法、历史典故新解。
- 现代表达：融入幽默元素、网络化视觉语言。

> **提示词：** 多重曝光风格插画（近距离全身视角），元素包括：祭司、神殿、征战场面、弓箭，以及"是谁的从前"这一隐喻主题。采用低角度视角，画面具有递进式景深和轮廓光效果，画面比例为 16∶9。

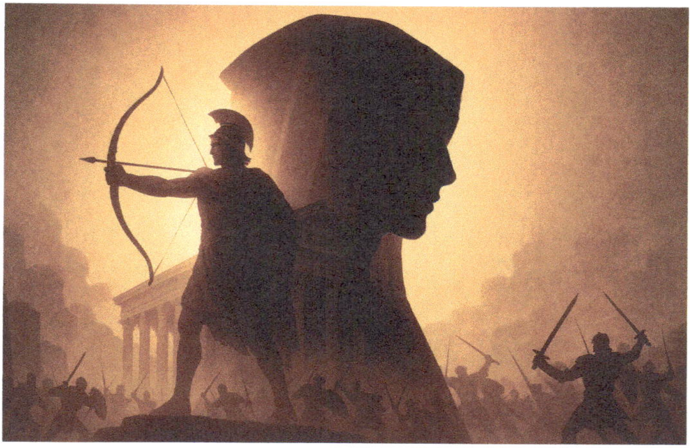

实例 61：超现实材质创意设计

主要内容：

- 材质差异化视觉创作，软绸质感水果系列、超现实风格表现。
- 商业应用方案：食品广告视觉升级、时尚品牌联名设计。

变现模式：

- 高端定制：品牌专属视觉项目、按需求深度定制。
- 版权授权：多平台使用授权、衍生产品开发授权。

创意价值：

- 视觉冲击：颠覆常规材质表现、强化品牌记忆点。
- 商业赋能：提升广告传播效果、创造话题热度。

提示词：将草莓变成一个柔软的 3D 丝绸质感物体。整个物体表面包裹着顺滑流动的丝绸面料，带有超现实的褶皱细节、柔和的高光与阴影。该物体轻轻飘浮在干净的浅灰色背景中央，营造出轻盈优雅的氛围。整体风格超现实、触感十足且现代，传递出舒适与精致趣味的感觉。工作室灯光，高分辨率渲染。

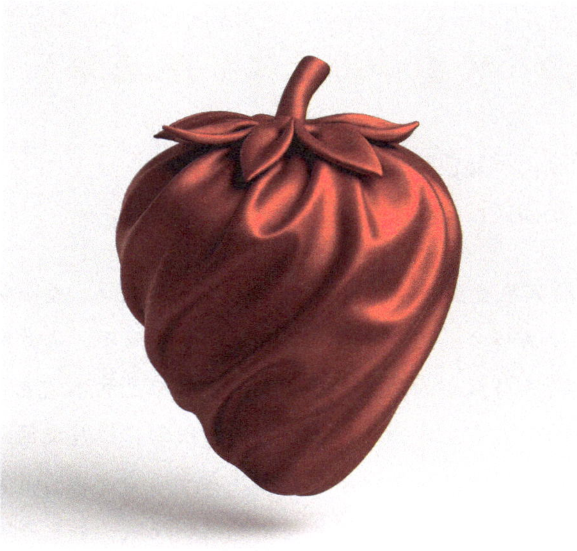

实例 62：松果化物体（松果苹果）

- 用途：产品包装设计、文创商品。
- 变现模式：版权售卖+周边开发。

提示词： 将苹果变成一个具有松果质感的 3D 物体。整个物体表面覆盖着仿生松果鳞片，呈现自然、不规则的层叠纹理，每片鳞片都带有细腻的凹凸感与微妙的反光。颜色以温润的棕色和木质色调为主，整体质感温暖而富有生命力。柔和的高光与阴影在鳞片之间流动，增强其立体感和自然气息。该物体轻轻飘浮在干净的浅灰色背景中央，营造出静谧、有机又现代的氛围。整体风格超现实、触感丰富，传递出自然与精致并存的趣味。工作室灯光，高分辨率渲染。

实例 63：自然元素创意转化

主要内容：

- 生物形态艺术再造：松果纹理转化设计、自然元素跨界融合。
- 商业应用开发：产品包装系统设计、文创商品视觉方案。

商业模式：

- 知识产权运营：原创设计版权售卖、分区域授权使用。
- 衍生开发：周边产品合作分成、联名开发项目。

创意特色：

- 自然美学：有机形态创新表达、生态质感呈现。
- 商业价值：强化品牌自然属性、提升产品识别度。

提示词：第一张图是一个卡通风格的四格插画，标题为"HOW TO LIVE IN NEW YORK"，每格对应一个幽默的生活建议（例如"MOVE TOO FAST""PAY WAY TOO MUCH"等），带有扁平化漫画风格的人物插画和文字。请生成现实生活中的照片，一名微笑的男子站在纽约中央公园，手持上面那张卡通风格插画海报，背景是纽约大都市。

HOW TO LIVE IN
NEW YORK
STUDIO APT
MOVE TOO FAST
PAY WAY TOO MUCH
M
IGNORE EVERYTHING
LOVE IT ANYWAY

HOW TO LIVE IN
NEW YORK
MOVE TOO FAST
PAY WAY TOO MUCH
IGNORE EVERYTHING
LOVE IT ANYWAY

实例 64：概念艺术海报设计

主要内容：

- 时间主题创意表达：解构主义钟面设计、涂鸦风格艺术创作。
- 多场景应用方案：文创展览主视觉、公共空间艺术装置。

商业模式：

- 艺术品交易：限量编号版画作销售、艺术家签名版本。
- 授权合作：展览场地使用授权、商业空间使用权。

市场优势：

- 概念深度：时间哲学视觉化、都市文化反思。
- 空间适配：多种尺寸输出方案、环境融合设计。

提示词： 一只超写实风格的红色小闹钟倾斜放置在干净的白色背景左下角，钟面破裂，裂缝中倾泻出大量黑白手绘涂鸦元素。涂鸦包括碎裂的齿轮、旋转的时间漩涡、融化的指针、漂浮的日历、沙漏、未来城市、时间旅行的传送门，以及象征想象力的星星、大脑、问号等图案。画面中央以手绘草图风格写有一句激励性的标语：La persistencia de la memoria（达利名画《记忆的永恒》）。整体画风富有想象力、超现实主义和艺术感，采用简洁的白色背景与手绘插画风格。

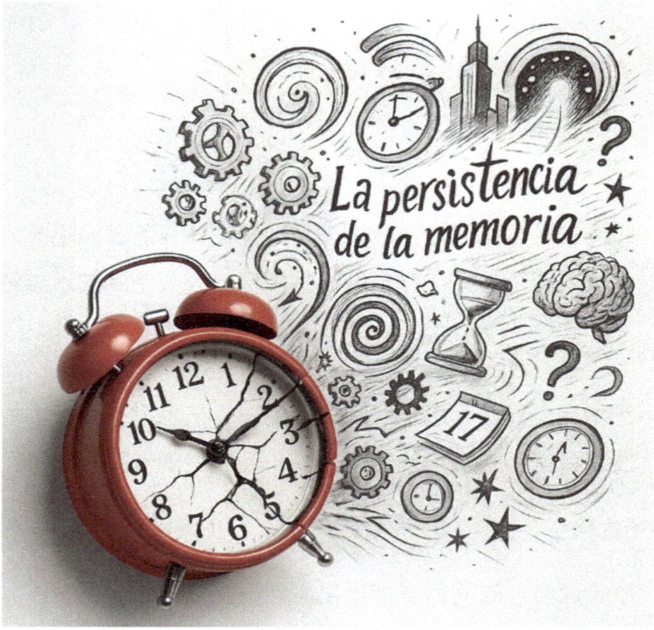
La persistencia
de la memoria
17

实例 65：特定照片

提示词： 生成一张逼真的特写照片，画面展现女性纤细的手指轻捏一片亚克力小片，亚克力片被切割成极简线条风格透明的微笑表情符。自然光透过亚克力片折射出微妙的彩色光晕，增强透明质感。手部线条自然，皮肤质地清晰细腻。背景虚化为米色或柔和灰色，画面清新、现代，带有一丝童趣和未来感，构图采用 16:9 横向比例。

实例 66：字体融合设计

提示词： 一个高高的、外观逼真且充满活力的胶囊体水平飘浮在 3∶2 的画面中央。左半边是 Google 的经典白色，带有 Google Logo 和标语 "Organizing the world's information"。右半边是透明的，里面飘浮着立体地图图钉（代表 Google Maps）、彩色 YouTube 播放按钮、Chrome 浏览器图标、Gmail 信封、Pixel 手机轮廓抽象彩带（红黄蓝绿），象征连接与创新。背景柔和，有暖色调渐变，增强胶囊的立体感。

实例 67：按 JSON 格式的信息生成图像

提示词： 请根据以下风格描述生成图像：

{"style": "梦幻未来"。

"color_scheme": ["粉色", "蓝色", "银白"]。

"mood": ["温柔", "科幻"]。

"elements": ["流光", "云朵", "光晕"]}。

主题：城市夜景。

实例 68：把世界名画变成卡通稻草人风格

提示词： 设计一个可爱的 3D Q 版稻草人角色，灵感来自达·芬奇名画《蒙娜丽莎》。角色由稻草、布片和纽扣组成，表情生动，配有充满童趣的配件。稻草人站在阳光明媚的田野中，微风轻拂，周围有两只小鸟。

5.3 变现思路

思路 22：电商平台运营

- 目标平台：Etsy 国际电商平台、小红书内容社区。
- 核心产品：情感金句装饰画、城市主题插画和艺术收藏卡片。
- 爆款策略：情绪价值产品开发、地域文化创意表达。
- 运营关键词示例："都市生活视觉日记""治愈系墙面艺术"。

思路 23：数字藏品开发

- 技术路径：区块链数字资产铸造、智能合约编写。
- 发行平台：OpenSea、Rarible 等。
- 产品特色：限量编号发行、权益附加设计。
- 运营关键词示例："数字艺术收藏""区块链创意资产"。

思路 24：展览授权合作

- 合作形式：文化机构主题展览、美术馆授权巡展、文创 IP 衍生开发。
- 商业条款：版权授权费用、衍生品销售分成。
- 运营关键词示例："城市文化视觉档案""超现实艺术体验"。

思路 25：情感金句电商运营

- 运营关键词示例："都市情绪视觉设计师"。
- 产品数据：单价：29 元/张；月销量：300 以上；月营收：8,700 元以上。
- 运营要点：精准情感共鸣内容、标准化生产流程。

思路 26：数字藏品项目

- 项目内容：AI 生成未来主题 NFT。
- 发行数据：发行量为 100 枚；单价为 0.05ETH（约 150 美元）；总价值为 15,000 美元以上。
- 技术亮点：区块链存证、稀缺性设计。

思路 27：市政文化项目

- 运营关键词示例："纽约生活视觉指南"。
- 合作细节：委托方为市旅游局；中标金额为 10 万元；交付内容为系列主题海报。
- 项目价值：城市形象推广、文旅资源整合。

5.4 运营建议

- 情感价值营销策略：强化产品情感连接、情绪共鸣设计优先。建议用内容引发情感共鸣，弱化技术参数，打造情感记忆点。
- 稀缺性产品策略：限量编号发行、艺术家签名版本、季节性限定款等。通过创造收藏属性、通过溢价来实现价值提升。
- 数字实体融合产品矩阵：数字原生资产、实体衍生商品、增强现实体验。通过互相导流转化、提升用户黏性来加强协同效应。

注意： 建议建立数字化资产管理体系，实现虚实结合的产品生态。

第 6 章
科普与教育信息图类

6.1 基础概念

科普与教育信息图类 AI 生图主要利用 AI 生图技术生成结构化信息图表、动态教学图示，使复杂的概念简化呈现、跨学科知识融合。其特点主要包括以下几点。

- 认知友好性：分级信息呈现体系、适龄化视觉设计。
- 视觉吸引力：色彩认知优化方案、交互式图示设计。

主要应用场景：

- 教育机构：教材教辅可视化、课堂教学资源包等。
- 出版行业：科普图书插图、数字出版素材。
- 科普平台：线上科普内容、展览互动装置。

市场优势：

- 量产能力：标准化模板系统、批量自动生成技术。
- 定制开发：学科专属视觉方案、机构品牌化定制。

6.2 应用实例

实例 69：英语学习闪卡设计

主要内容：

- 英语单词可视化产品：分级词汇闪卡、主题词库套装。
- 教学辅助方案：课堂互动教具、课后复习材料。

主要应用场景：儿童早期英语启蒙、K12 英语教学辅助、语言培训机构教具。

变现模式：

- 零售模式：单套主题闪卡销售、分级套装组合。
- 机构合作：课程体系配套开发、定制化教具生产。

> **提示词**：你是一个英语单词闪卡制作大师，你可以根据我输入的主题词，生成一个图像并以此拓展，比如我输入桌子和椅子，你生成一张和桌椅相关的图像，并用箭头分别介绍桌子和椅子的中文和英文。

桌子
table

椅子
chair

实例 70：鲸类物种水彩画

主要内容：

- 鲸类物种水彩画创作：科学准确性呈现、艺术化风格表达。
- 多场景应用方案：教育展览主视觉、出版物插画等素材。

主要应用场景：动物保护组织宣传、儿童科普图书出版、自然教育展览展示。

变现模式：

- 产品销售：限量艺术海报（50~200元/张，建议）、系列主题套装。
- 版权授权：出版机构内容授权、教育机构非独家授权。

提示词： 创建一张英文的科普海报，展示不同种类的鲸鱼（在每种鲸鱼下方标注其英文名称），风格为充满活力的水彩画，背景为纯白色。

注意： 若用于出版，则必须找专家核实，以防被 AI 大模型幻觉所误导。

WHALES

BLUE WHALE

HUMPBACK WHALE

SPERM WHALE

BOWHEAD WHALE

ORCA

NARWHAL

BELUGA

MINKE WHALE

实例 71：科技演进信息图

主要内容：

- 技术演进图谱设计：重大突破时间轴、关键技术节点解析。
- 多媒介适配方案：展览展示系统、演讲等辅助素材。

主要应用场景：

- 企业科技展厅。
- 教育机构展板。
- 行业峰会演示。

变现模式：

- 基础方案：单张信息图（800元~3000元，建议）。
- 系统方案：整套演进图谱（5000元~20000元，建议），含5~10个技术模块。

> **提示词**：生成一张简洁的描述过去几十年通信技术演进的英文信息图表。

Evolution of Communication

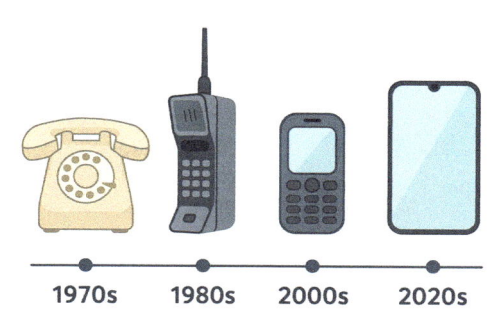

- 1970s
- 1980s
- 2000s
- 2020s

第 6 章　科普与教育信息图类

实例 72：刑侦嫌疑人特征画像

主要应用场景：

- 执法机构培训教材。
- 犯罪心理学教育。
- 案件侦查辅助工具。

变现模式：

- 软件解决方案：定制化 App 开发、年费订阅制服务。
- 专业服务：单次画像服务（500～2000 美元，建议）、专家咨询套餐。

目标客户：

- 海外私家侦探机构。
- 警务培训学院。
- 司法心理学研究单位。

注意： 建议签署严格的保密协议，所有数据处理都符合国际司法信息安全标准。

提示词： 当年轰动一时的黄道十二宫杀手[1]，请根据在网上搜到的目击者对他的相貌描述，生成一幅肖像画。

---

1 黄道十二宫杀手（Zodiac Killer）是 20 世纪 60 年代末至 70 年代初在美国加州北部活动的著名连环杀手，因其作案后向媒体和警方发送加密信件挑衅而得名，是美国最著名的未解悬案之一。大卫·芬奇导演的电影《十二宫》（2007 年）基于此案改编。

实例 73：民族特征可视化设计

主要内容：

- 人类学特征研究可视化：族群平均脸谱设计、文化特征对比展示。
- 多平台应用方案：科普展览内容、社交媒体话题素材。

主要应用场景：

- 文化机构科普展览。
- 社交媒体话题营销。
- 跨文化研究资料。

注意：本实例要确保内容符合文化敏感性要求，支持多语言版本适配。

提示词：为我画一张四格漫画，内容为四个国家（中国、美国、德国、印度）成年男性的脸，写实风格，直接生成。

中国　　　　　美国

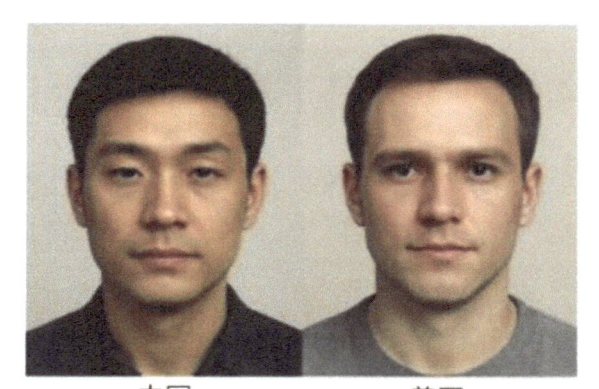

德国　　　　　印度

实例 74：生成极简图文菜谱

提示词： 为西红柿炒鸡蛋这道菜创建一个分步菜谱信息图，要求：采用俯视视角。白色背景，极简风格。包含标注好的食材照片，例如："2 个西红柿""3 个鸡蛋""1 根葱""1 汤匙食用油""盐（可选）"。使用虚线连接代表制作步骤的图标（例如：打蛋碗图标、炒锅图标、混合/翻炒图标）。信息图底部展示最终装盘的西红柿炒鸡蛋成品图像。

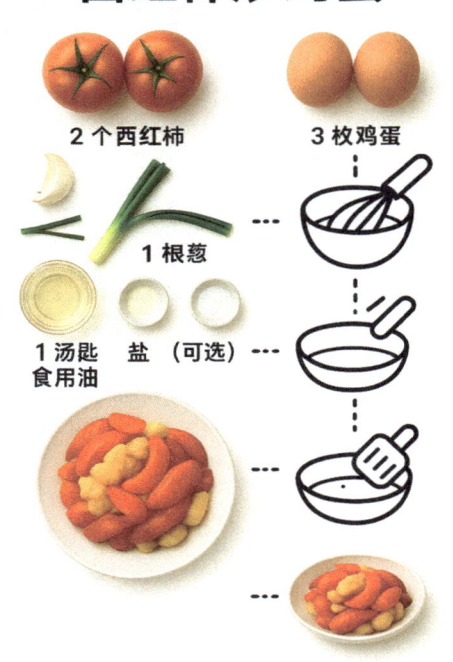

6.3 变现思路

思路 28：出版机构合作

- 主要内容：教材教辅插图创作、科学读物视觉设计。
- 合作特点：长期稳定项目、大批量标准化生产。
- 运营关键词示例："STEM 教育可视化专家""跨学科知识图谱"。

思路 29：科普展览服务

- 目标客户：自然博物馆、科技馆、科普教育基地。
- 服务形式：主题展览视觉设计、互动展项开发。
- 运营关键词示例："沉浸式科普体验设计""科学传播可视化"。

思路 30：在线教育支持

- 主要内容：课程视觉体系构建、学习路径可视化。
- 核心价值：提升课程完课率、强化知识记忆点。
- 运营关键词示例："知识地图专家""视觉化学习方案"。

思路 31：英语教学资源开发

- 项目内容：1000 个核心词汇的可视化、配套教学闪卡套装。
- 客户类型：少儿英语连锁机构。

- 项目金额：20000 元/套（建议）。
- 交付成果：印刷级设计文件、电子版教学资源。

思路 32：科技发展可视化

- 项目主题：通信技术演进历程。
- 主要内容：关键技术节点梳理、动态时间线设计。
- 服务报价：3500 元/幅（建议）。
- 应用场景：行业峰会主题演讲、企业展厅常设展项。

思路 33：编程教育可视化

- 项目主题：Python 入门学习路径。
- 解决方案：知识体系地图设计、难点突破可视化。
- 服务费用：6000 元/套（建议）。
- 客户价值：降低学习曲线、提升教学效率。

6.4 运营建议

- 内容准确性保障：学科专家内容审核、教育顾问专业校验、多级复核机制、定期更新知识库。
- 认知友好性设计：通过知识分层呈现、适龄化表达、趣味元素融入等方式提升知识吸收率和记忆保持度。
- 生产流程优化：建立模块化设计模板、自动化生成管线、质量检测标准，以及紧急订单响应机制。

第 7 章
趣味视觉内容类

7.1 基础概念

趣味视觉内容类 AI 生图主要利用 AI 图像生成技术生成趣味性强、互动感强的小型视觉素材，主要用于缩短热点响应周期、促进内容裂变。其特点主要包括以下几点。

- 娱乐属性突出：轻松幽默的视觉表达、强互动性设计。
- 传播优势明显：平台适配度高、用户参与感强。

主要应用场景：

- 社交平台内容创作：短视频平台素材、话题营销视觉。
- 轻游戏开发：休闲游戏素材、互动元素设计。
- 爆款内容生产：网红同款模板、挑战活动素材。

7.2 应用实例

实例 75：找茬游戏素材

主要内容：

- 差异对比图生成：主题系列设计、难度分级体系。
- 配套解决方案：游戏 UI 适配方案、社交分享素材包等。

主要应用场景：

- 轻游戏开发：H5 小游戏、微信小程序。
- 社交娱乐：互动话题内容、UGC 活动素材。

变现模式：

- 素材销售：标准套装（300~800 元/套，建议）；定制主题服务。
- 运营分成：自营游戏收益、广告流量分成。

提示词： 请你复制这幅图像，并在图中增加一把椅子。

注意： 本实例巧妙运用了大模型无法做传统修图软件像素级复制的缺点，将原因转化为相似但又有细微差别的图像，从而提高生成游戏素材（一组相似照片）的速度。

实例 76：像素游戏素材

主要内容：

- 像素艺术资产创作：角色精灵图设计、游戏场景构建、道具物品绘制。
- 风格适配方案：8bit/16bit 风格、现代像素风混搭。

目标客户：

- 独立游戏开发者。
- 小型游戏工作室。
- 游戏美术外包商。

变现模式：

- 基础定价：角色设计为 300～800 元/套（建议）；场景设计为 500～1500 元/幅（建议）；道具设计为 100～300 元/件（建议）。
- 套餐优惠：全套游戏素材包、季度合作折扣。

市场优势：

- 风格精准：保持像素艺术特质、支持多分辨率输出。
- 效率突破：快速迭代能力、批量生成方案。

提示词：创建一幅细致的方形像素艺术图像，展示一个身穿四套不同装备的奇幻战士角色，每套装备都位于其自己的水平行中。每行均包含五种姿势：空闲姿态、剑攻击、魔法施法、盾牌防御格挡和胜利庆祝。确保战士的比例和面部特征在所有姿势和装备组中保持一致。每组图像都应清晰地展现设计复杂度和视觉吸引力的递进。每个姿势都应单独渲染，背景透明，并在方形构图中整齐地排列成四行水平。

实例 77：创意食品的视觉设计

主要内容：

- 创新食品造型设计：趣味形状雪糕概念、拟物化食品创意，能够突破常规造型且强化记忆点，自带话题属性，激发用户互动。
- 多平台视觉方案：广告主视觉设计、社交话题素材包等。

主要应用场景：

- 食品营销推广：新品概念可视化、促销活动素材。
- 社交内容创作：挑战话题设计、UGC 内容模板。

变现模式：

- 定制项目：品牌专属设计（3000 元起，建议）、系列创意开发。
- 内容授权：多平台使用授权、衍生产品开发。

提示词： 将香蕉变成一根奶油雪糕，奶油在雪糕顶上呈曲线流动状，看起来美味可口，45 度悬浮在空中，Q 版 3D 可爱风格，一致色系的纯色背景。

实例 78：微缩场景的创意设计

主要内容：

- 微观世界视觉创作：生活物品微缩场景、拟人化趣味表达，具有强社交属性、高互动潜力。
- 品牌轻内容方案：产品趣味植入、社交化内容设计，低成本、高传播，有利于品牌亲和力塑造。

主要应用场景：

- 社交媒体传播：话题性内容生产、UGC 互动素材。
- 品牌轻营销：产品趣味演绎、品牌人格化表达。

变现模式：

- 标准化服务：模板化微缩场景（200 元/幅，建议）、批量订购优惠。
- 轻度定制：元素替换服务、快速交付保障。

提示词： 微距特写照片级真实图像：一个带黄色安全帽的小人在单个键帽上正在挥舞旗帜，整个键盘为白色，具有景深效果，画面比例为1:1。

实例 79：传统文化 IP 的创意设计

主要内容：

- 经典文学形象再创作：《西游记》角色现代化演绎、皮克斯风格融合设计。
- 多形态开发方案：数字内容创作、实体衍生品设计。

主要应用场景：

- 国潮 IP 开发：传统文化现代化表达、跨界联名企划。
- 数字内容传播：社交平台话题内容、短视频系列创作。

变现模式：

- 版权授权：分领域独家授权、期限性合作授权。
- 收益分成：衍生品销售分成、内容流量收益分成。

提示词： 生成一个西游记皮克斯风格的 3D 动画场景——唐僧师徒四人在明亮欢快的氛围中自拍留念。孙悟空站在中央，把金箍棒变成了自拍杆，上面连着一部 iPhone 手机，调皮地咧嘴笑着，神采飞扬地掌控自拍角度；唐僧站在孙悟空左侧，双手合十，面容慈祥、温和，带着淡淡的微笑，流露出对弟子的包容与喜爱；孙悟空右侧的猪八戒憨厚、搞怪地摆出剪刀手，表情夸张且欢乐；这里为增加趣味，把沙和尚变成另一个猪八戒从而增加意外的喜剧效果。四人身穿色彩鲜艳、生动可爱的传统服饰，整体画风圆润，充满活力，灯光柔和，色调明亮温暖，背景为郁郁葱葱、阳光明媚的神秘仙境般的山林。角色表情丰富、姿态生动，画面具有浓郁的皮克斯动画风格与电影级的构图感。

实例 80：人偶生成

提示词： 生成一张竖版图像，内容为等距视角下的乐高人偶盒子。该盒子展示了一位快乐的中国女孩及她的配件（苹果笔记本电脑、书桌、咖啡、眼镜），并在盒子旁边展示该女孩的乐高人偶实物。整体采用照片级写实风格渲染。

实例 81：多图融合设计

图 1　　　　图 2　　　　图 3

提示词： 请你参考图 1 的风格，利用图 2 和图 3 中的要素，生成一个玩偶包装盒。文字必须改成 Cooool Michael。将包装盒上的迷你照相机模型改为迷你黑莓手机模型。

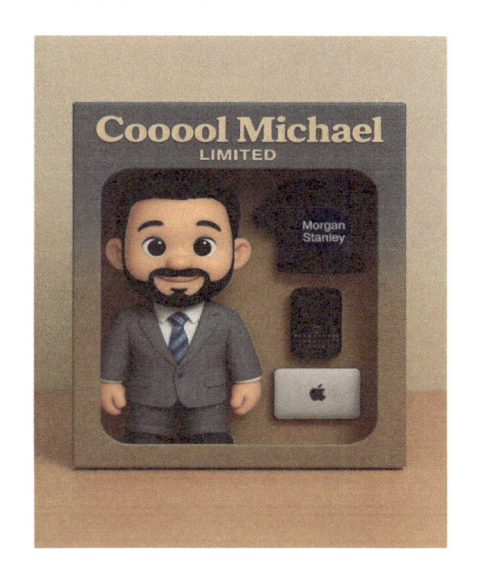

注意： 如果对效果不满意，则可通过提示词继续修改。

实例 82：平面玩偶图转 3D 建模文件

将上图上传到免费 3D 建模文件转换网站，即可生成 3D 建模文件（此实例无提示词）。

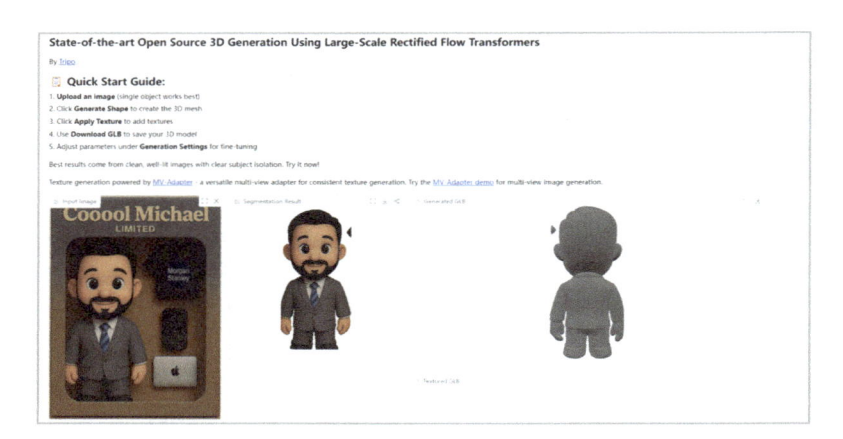

7.3 变现思路

思路 34：小游戏素材解决方案

- 素材类型：益智类游戏素材包包括找茬对比图组、拼图切割方案、消除游戏元素等，建议采用像素风套装、扁平化设计。
- 商业模式：批量授权（500～5000 元/套，建议）、季度内容订阅。
- 运营关键词示例："小游戏素材一站式解决方案""独立开发者素材库"。

思路 35：短视频内容工场

- 素材类型：创意食品视觉、微缩场景系列、城市趣味演绎。
- 合作模式：月度内容套餐、热点快速响应。
- 运营关键词示例："爆款内容量产专家""短视频创意引擎"。

思路 36：国潮 IP 开发服务

- 素材类型：经典文学新演绎、历史人物现代化、传统文化轻量化。
- 合作模式：IP 授权管理、联合开发分成。
- 运营关键词示例："传统也年轻""国潮新生代"。

7.4 运营建议

- 工业化创作流程：模板化快速生成、AI 辅助批量产出、自动化质检系统，缩短热点响应时效。
- 布局多平台账号矩阵，形成内容协同效应：轻游戏平台包括微信小游戏、HTML5 游戏平台等；短视频生态包括抖音、快手、海外短视频平台等；社交传播渠道包括表情包平台、社交话题运营等。
- 打造文化创新实验室，持续孵化新 IP 形态：国潮新表达包括非遗现代化、经典新演绎等；二次元融合包括 ACG 文化跨界、虚拟偶像联动等；童心化设计包括全龄向内容、亲子互动元素等。
- 建立内容工厂模式，实现"创意–生产–分发"闭环。

第 8 章

商品定制设计类

8.1 基础概念

商品定制设计类 AI 生图主要利用 AI 生图技术为实体产品提供创新视觉方案及虚拟预展示的专业服务。其主要特点包括以下几点。

- 设计创新性：突破传统设计限制，实现快速的概念验证。
- 市场适配度：精准捕捉潮流趋势，满足个性化需求。针对新锐品牌，可快速建立视觉识别系统，降低试错成本；针对成熟企业，可补充设计产能，开发产品线创新。

主要应用场景：

- 服饰鞋帽类：图案纹样设计、款式结构创新。
- 生活用品类：创意家居用品、个性化数码周边。
- 文创产品类：文化符号再设计、IP 衍生品开发。

8.2 应用实例

实例 83：纺织纹样

主要内容：

- 原创图案开发：潮流色彩组合、创新纹样结构。
- 应用场景适配：服装面料设计、家纺产品应用。

目标客户：

- 服装品牌商。
- 家居纺织品企业。
- 独立设计师工作室。

变现模式：

- 基础方案：单款纹样设计（300 元 ~ 1000 元，建议）。
- 批量方案：季度系列套装（10 款起订），可建立年度合作框架。

提示词： 分别按照光学艺术风格、莱索托风格、几何包豪斯风格和点彩派风格，生成四格漫画格式的高质量的可重复纺织面料图样。

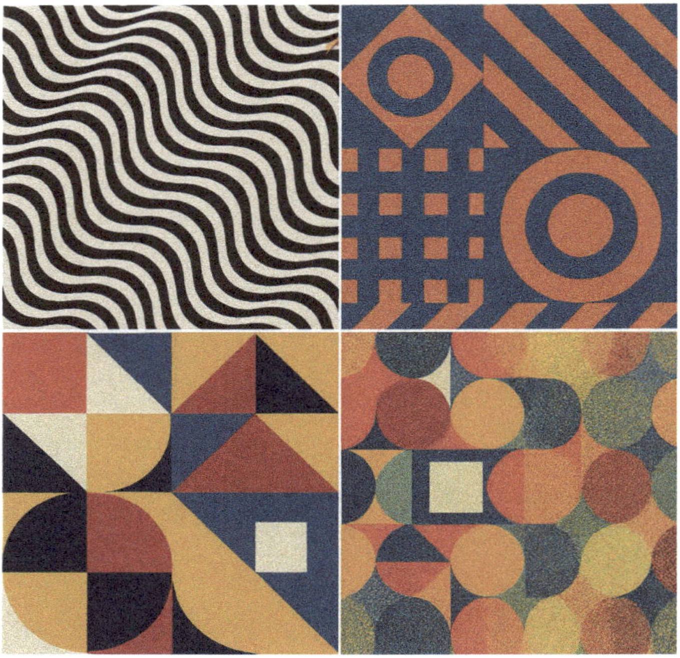

实例 84：鞋履创意设计

- 创新鞋款设计：材质纹理开发、结构造型创新，可突破传统材质限制，进行实验性结构设计。
- 配套解决方案：建议虚拟样机制作、生产可行性分析。
- 目标客户：独立设计师品牌、快时尚企业、运动潮牌公司等。

变现模式：

- 基础设计：单款设计（2000 元～5000 元，建议），可含多个设计视角。
- 高端定制：限量款设计（5000 元～10000 元，建议），含全套技术包。

提示词： 我正在设计一款运动鞋，你是我的设计搭档。请你生成一张四格设计图，将这双运动鞋想象成是用以下四种原料制成的：混凝土、再生塑料袋、充气气球、棉球。不要追求实用性，要有创意，请给我一些新形状和新材料的灵感。

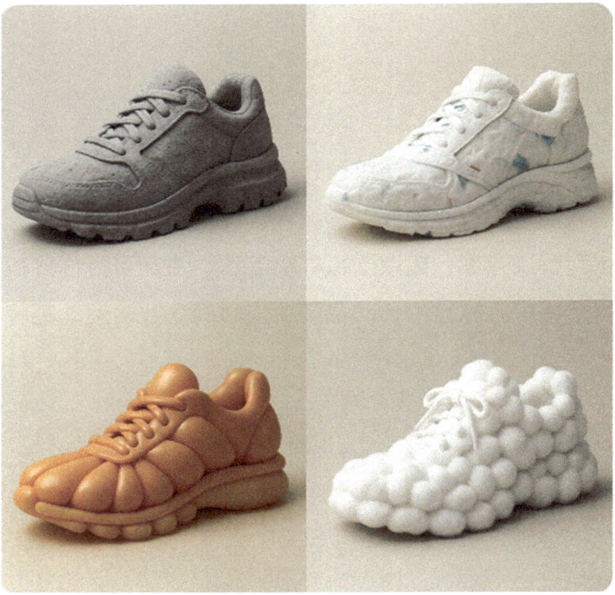

实例 85：快消品外观设计（旋风形水瓶）

产品用途：本设计专为饮品瓶与运动水杯领域打造，旨在为相关产品赋予独特且富有吸引力的外观，在满足市场对快消品便携性、实用性需求的同时，凭借创新的旋风形设计脱颖而出，为消费者带来全新的视觉体验，满足其对个性化、时尚化饮品容器的追求，进而提升产品在市场中的竞争力，拓展其在快消品行业中的应用场景。

变现模式：通过承接产品概念设计项目来实现盈利。

> 提示词：我正在设计一个水瓶的形状，需要你帮忙探索一些新的形状。创作灵感来自自然元素（旋转风形），透明的水瓶。将为瓶子设计的超逼真 3D 渲染图放置在白色背景上。水瓶应该装满了水。

实例 86：食品创意图（黄油雕刻）

- 主要内容：本创意图专为食品广告与品牌社交内容设计。通过精湛的黄油雕刻技艺，将食品的质感与艺术美感完美融合，打造极具视觉吸引力的图像。可用于食品品牌的广告宣传，提升品牌形象，吸引消费者关注。同时，适合作为品牌社交媒体平台的内容素材，增强品牌与消费者的互动性，传递品牌理念与创业精神，助力品牌在竞争激烈的市场中脱颖而出。
- 变现模式：采用单图销售模式，根据作品的创意难度、制作精细度及客户需求，每幅黄油雕刻创意图的预估售价为 80 元～300 元。

> **提示词：** 生成一张高分辨率、编辑风格的照片。一块黄油的表面上精确雕刻或压印着"hello"字样。黄油质地柔软、略带光泽，具有真实的纹理和细小的刀痕。摆放在极简风格的陶瓷盘上，采用自然光或柔和的棚拍光照，背景干净。整体氛围现代、趣味十足、富有触感，体现以食物为媒介的超现实品牌拍摄效果。

实例 87：霓虹灯飞碟

- 主要内容：本设计专为夜店与潮玩品牌打造。其独特的霓虹灯效果与未来感十足的飞碟造型，能够瞬间点亮夜店的氛围，成为派对现场的视觉焦点，为消费者带来沉浸式的潮流体验。同时，作为潮玩品牌的展示装置或互动道具，它能够完美契合品牌的潮流定位，吸引年轻消费者的目光，提升品牌的时尚感与科技感，助力品牌在潮流市场中占据一席之地。
- 变现模式：根据装置的复杂程度、设计要求及项目规模，收取相应的设计费用，以满足夜店与潮玩品牌对于个性化、独特装置设计的需求，同时实现设计价值的商业转化。

提示词： 将飞碟变成一个描边的 3D 彩色发光霓虹灯管，灯管颜色根据其原本的表皮颜色自动匹配，形成彩色渐变与高亮发光效果。灯管呈现真实的玻璃质地与电光反射，发出明亮、饱和的冷暖光，在边缘和轮廓处形成强烈的霓虹视觉冲击力。该物体轻轻飘浮在干净的深灰色背景中央，营造迷幻、前卫与都市夜景般的氛围。整体风格超现实、拟物感强烈且极具未来感，传递能量、趣味性与当代电子美学。工作室灯光，高分辨率渲染。

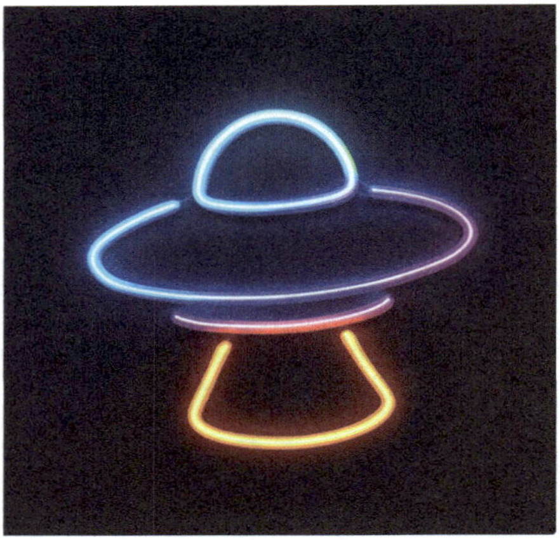

实例 88：带包装的表情包和减压球实物图

- 主要内容：可专为儿童玩具及礼品商品市场设计。其可爱的表情包造型搭配柔软的减压球材质，既能够满足儿童的玩耍需求，又能作为礼品传递情感与关怀。产品通过精美的包装设计，进一步提升其附加值，使其成为适合节日、生日、日常赠送的优质礼品，同时能在儿童玩具市场中脱颖而出，成为孩子们喜爱的玩具之一。
- 变现模式：通过批量开发与个性化打包服务的结合，实现产品的多元化销售，提升产品的市场覆盖范围与经济效益。

提示词：生成一个微笑表情符减压海绵球玩具，被真空密封在银色金属质感包装袋中，袋子表面印有"MIKE"竖条纹文字，带有条形码和二维码。玩具材质为哑光塑料或橡胶，袋子具备真实褶皱质感，包装设计未来感强烈，为赛博消费主义和写实风格，背景为极简纯黑色。高细节，4K 品质，柔和的工作室灯光。

注意：图中二维码仅为示例，并非真实可用的二维码。

8.3 变现思路

思路 37：独立站商品视觉开发

- 主要内容：针对 Shopify 卖家的市场需求，提供大量新品创意的视觉与包装一体化解决方案，助力独立站品牌快速推出具有吸引力的产品。
- 运营关键词示例："定制你的专属水瓶""爆款运动鞋设计服务"。
- 变现模式：例如，针对新款运动鞋设计概念稿，单款建议收费 3000 元。

思路 38：快消品品牌外包项目

- 主要内容：为快消企业提供新产品包装概念图外包服务，并支持付费测试小批量生产，帮助品牌快速验证市场反馈。
- 运营关键词示例："让包装成为销量密码"。
- 变现模式：例如，针对饮料瓶外观升级概念稿，每套设计建议收费 1.5 万元。

思路 39：潮玩 IP 开发合作

- 主要内容：提供霓虹飞碟、软体玩具、丝绸水果等概念图设计服务，支持潮玩品牌与盲盒项目的定制开发，满足市场对潮流玩具的多样化需求。
- 运营关键词示例："未来感软萌潮玩计划"。
- 变现模式：例如，针对 5 款软体减压球的设计，建议打包收费 3 万元。

8.4 运营建议

1. 创意先行：比执行更重要。

在当今竞争激烈的市场环境中，创意是成功的关键。创意不仅能够吸引消费者的注意力，还能为产品注入独特的价值。无论是设计、营销还是品牌建设，创意都是推动项目向前发展的核心动力。创意先行，意味着在执行之前，必须充分挖掘和打磨创意，确保其独特性和吸引力，从而为后续的执行奠定坚实的基础。

2. 批量供货：一口气推出系列产品，提升订单金额。

批量供货是提升订单金额和市场竞争力的有效策略。通过一次性推出一系列相关产品，可以满足不同消费者的需求，增加客户的选择范围，从而提高客单价。批量供货不仅能够降低单位成本，还能够通过规模效应提升生产效率和利润空间。此外，系列产品的推出还可以增强品牌在市场中的影响力，提升品牌知名度和美誉度。

3. 建立供应链：设计+打样+生产一体化外包。

建立完善的供应链是实现商业成功的重要保障。通过整合设计、打样和生产环节，实现一体化外包，可以有效提高运营效率，降低管理成本。一体化外包模式能够确保从创意构思到产品交付的每一个环节都紧密衔接，减少中间环节的沟通成本和时间延误。同时，通过与专业的外包合作伙伴合作，可以利用其专业能力和资源优势，提升产品质量和交付速度，为客户提供更优质的服务。

第 9 章
新闻、时事与讽刺类

9.1 基础概念

新闻、时事与讽刺类 AI 生图主要利用 AI 生图技术快速响应社会热点、新闻事件、公共议题，制作具有讽刺性、批判性及深度洞察力的视觉内容。其主要特点包括以下几点。

- 敏锐性：快速捕捉社会热点，第一时间制作相关视觉内容。
- 创意性：运用独特的创意和视觉手法，展现事件的多面性和复杂性。
- 冲击力：通过强烈的视觉效果和深刻的讽刺意味，引发公众的情感共鸣和思考。

主要应用场景：

- 自媒体运营：为自媒体平台提供具有吸引力和话题性的视觉素材，助力内容创作者快速抓住热点，提升内容的传播力和影响力。
- 短视频内容：适用于短视频平台，通过简洁而有力的视觉表达，快速传递信息，引发观众共鸣，增强视频的吸引力和传播效果。
- 话题制造者：为自媒体从业人员提供视觉支持，帮助他们更有效地表达观点，引发公众讨论。

- 新闻媒体视觉辅助：为新闻报道提供视觉辅助，通过讽刺或批判性的图像来增强新闻的深度和可读性，帮助读者更好地理解复杂的社会现象和公共议题。

注意： 建议建立严格的内容审核机制，确保内容符合法律法规和公序良俗，同时保持创作锐度。

9.2 / 应用实例

实例 89：杂志封面

提示词： 为《时代》杂志设计一个专业且在视觉上引人入胜的杂志封面。包括将上传的照片人物作为封面人物头像，背景是温哥华的天际线。标题为英文，主标题大意是"温哥华的新 AI 大师"，副标题大意是"激情澎湃的技术布道者，颠覆传统的图像生成工作流"。

TIME
VANCOUVER'S
NEW AI MASTER
A PASSIONATE TECH EVANGELIST
REINVENTS IMAGE GENERATION

实例 90：垃圾袋讽刺画（消费主义批判）

主要内容：通过对比两个极端价格的垃圾袋（$0.29 的普通垃圾袋与$29999 的奢华垃圾袋），以夸张且讽刺的手法，批判消费主义的荒谬性，引发公众对消费行为和社会价值观的反思。

主要应用场景：

- 消费主义批判：作为批判消费主义的文章、演讲或讨论的视觉辅助材料，直观地展示消费主义的荒诞性与不合理性，帮助观众快速理解消费主义对社会和个体的影响。
- 社交话题内容：用于社交媒体平台，引发公众的讨论和共鸣。通过幽默与讽刺的方式，吸引用户关注并分享，从而制造热门话题，提升内容的传播力和影响力。

变现模式：

- 短视频脚本配图：为短视频创作者提供独特的视觉素材，配合短视频脚本，增强视频的吸引力和话题性。通过授权使用或定制服务，为短视频平台的内容创作者提供支持，从而获取收益。
- 自媒体爆文配套：与自媒体平台合作，为撰写批判消费主义或社会现象的爆款文章提供配套的视觉内容。通过付费授权或定制合作，满足自媒体运营者对高质量视觉素材的需求，同时实现商业变现。

提示词： 为我生成有真实感的讽刺海报。左侧的垃圾袋没有牌子，标价$0.29；右侧的垃圾袋印有某奢侈品牌 Logo 和印花，标价为$29,999。

实例 91：虚构新闻杂志封面（GPT-4o 专题）

主要内容：本虚构新闻杂志封面以"GPT-4o 专题"为主题，通过创意设计和视觉呈现，引发公众对新兴科技趋势的关注与思考。

主要应用场景：

- 科技趋势预判：作为科技趋势分析文章或报告的封面，吸引读者关注并引导其深入了解 GPT-4o 等前沿技术的发展动态、潜在影响及其对未来的预判，帮助读者快速把握科技领域的最新动向。
- 社交内容传播：用于社交媒体平台，通过视觉冲击力和话题性内容引发用户关注并分享，制造热门话题，提升内容的传播力和影响力，尤其适用于引发公众对人工智能、科技伦理等热点话题的讨论。

变现模式：

- 品牌内容：为科技品牌、研究机构或行业媒体提供定制化的虚构新闻杂志封面设计服务，将其作为品牌内容的一部分，用于品牌推广、行业报告发布或科技趋势研讨会等活动，通过品牌合作或付费授权获取收益。

- 公众号深度图文配套：与公众号运营者合作，为撰写关于 GPT-4o 或人工智能等科技主题的深度图文提供配套的封面设计服务，增强文章的吸引力和专业度，通过付费授权或定制合作的方式实现商业变现。

提示词： 请你参考《经济学人》杂志封面的风格和构图生成一张虚构的《经济学人》杂志封面。标题为英文，大意是"GPT-4o 模型正在颠覆图像生成工作流"（尽量用简洁的英文表达），封面正中应该是机器人让一个正在电脑上使用 Photoshop 软件的人类员工走开。右上角的四个新闻报道都与大模型与 AI 的最近进展有关。

9.3 变现思路

思路 40：自媒体内容升级

- 运营微信公众号、知乎专栏、B 站深度频道，每篇内容均配有原创新闻视觉图。
- 运营关键词示例："用视觉讲好大事件""一张图看懂全球新闻"。
- 变现模式：例如，针对公众号热点插图供应，每周 5 篇文章配图，建议月收费 8000 元。

思路 41：品牌社会议题营销

- 品牌方参与社会话题时，需要深度视觉内容，按单项目报价（单图 300 ~ 800 元，建议）。
- 运营关键词示例："品牌立场，视觉先行"。
- 变现模式：针对社交媒体热议话题进行海报制作，消费主义讽刺系列图建议单套收费 10000 元。

思路 42：传媒机构视觉合作

- 新媒体平台、传统报纸、杂志的视觉辅助外包，定期提供主题图像素材。

- 运营关键词示例:"一图展现视觉供应链"。
- 变现模式:针对国际妇女节进行品牌态度图设计,建议单图收费 5000 元。

9.4 运营建议

- 快速响应：时效性就是生命。在信息爆炸的时代，能够第一时间捕捉热点并进行创作，是内容脱颖而出的关键。只有紧跟社会动态，快速生成与当下热点相关的视觉内容，才能在海量信息中吸引受众的注意力。
- 强烈表达：视觉内容的核心在于通过强烈的视觉效果传递信息，引发情感共鸣。具有高冲击力的视觉作品能够迅速抓住观众的眼球，激发他们的兴趣和讨论欲望，从而更容易在社交媒体等平台上引发传播效应。
- 版权与风险控制：注意避免侵犯第三方名誉权。在创作过程中，必须严格遵守法律法规，尊重他人的合法权益。避免使用未经授权的素材，确保内容的原创性和合法性。同时，要避免对第三方造成名誉损害，确保内容的客观性和公正性，避免因侵权或不当表达引发法律纠纷。

第 10 章
前沿、冷门与交叉创新类

10.1 基础概念

将 AI 图像生成技术应用于前沿、冷门及交叉创新领域，突破传统图像生成的应用边界。此类应用注重创新性、独特性与市场缝隙感，能够有效开拓蓝海市场。

10.2 应用实例

实例 92：空间涂鸦（表情符号投影）

主要内容：空间涂鸦是一种将创意与科技相结合的新型艺术形式，通过将表情符号以投影的形式投射到公共空间中，创造独特的视觉效果。

主要应用场景：

- 公共艺术装置：在城市广场、公园、商业中心等公共空间设置艺术装置，通过动态的表情符号投影，为城市增添趣味性和互动性，吸引公众参与和拍照分享。
- 展览视觉：在艺术展览、文化活动或创意展会中，作为视觉焦点，增强展览的吸引力和话题性，为观众带来全新的视觉体验。

变现模式：为客户提供定制化的空间涂鸦艺术装置设计与实施服务。根据客户的需求和场地特点，设计独特的表情符号投影方案，并负责装置的搭建与调试。通过收取项目定制费用实现商业变现，根据装置的复杂程度、规模和创意难度进行项目定价。

提示词：一张逼真的特写照片，展现了女性手掌朝上摊开，温暖的自然光透过窗帘，在手掌上投射出柔和的光影图案。光影中是经典的微笑表情符号，具有情绪象征。肤色自然、细节清晰，手指线条优雅，背景为虚化的中性米色墙面或织物。画面为 16∶9 横向构图，整体氛围安静、温暖，充满诗意。

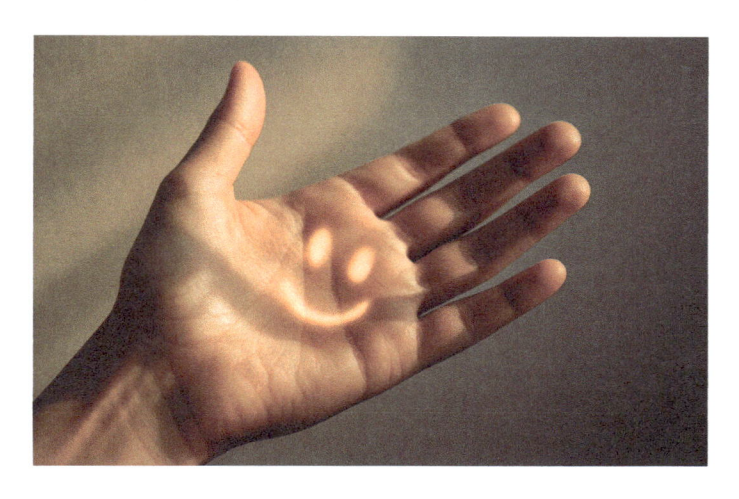

实例 93：表情符号的融合设计

主要内容：

- 数字符号创新应用：表情符号与服饰融合设计、网络语言实体化表达。
- 多形态开发方案：潮流服饰系列、文创周边产品。

目标客户：街头潮流品牌、文创产品开发商、快时尚企业。

提示词： 一张特写照片，画面是女性手指轻轻抓握一块柔软的布料。布料是【灯芯绒】，上面印有微笑表情符。背景与布料本身融合为中性色调。

实例 94：励志金句的融合设计

提示词： 基于励志金句"There's only one corner of the universe you can be sure of improving, and that's your own self"（宇宙中只有一个你可以确定改善的角落，那就是你自己），创作一个温暖的 3D 海报，请先设计，再生成英文海报。

实例 95：文创水晶球

主要内容：

- 文化主题微缩景观：历史典故场景再现、人物造型等艺术处理等。
- 实体产品开发：3D 打印原型制作。

主要应用场景：

- 旅游纪念品开发：景区特色衍生品、文化地标礼品。
- 艺术收藏市场：限量艺术家版本、编号认证藏品。

变现模式：

- 限量发售：编号版（500~1000 件）、艺术家签名版。
- 高端定制：私人博物馆定制、企业礼品专供。

提示词： 一枚精致的水晶球静静摆放在窗户旁温暖柔和的桌面上，背景虚化而朦胧，暖色调的阳光轻柔地穿透水晶球，折射出点点金光，温暖地照亮了四周的微暗空间。水晶球内部自然地呈现一个以【桃园结义】为主题的迷你立体世界，细腻精美而梦幻的 3D 景观，人物与物体皆是可爱的 Q 版造型，精致而美观，细节丰富。

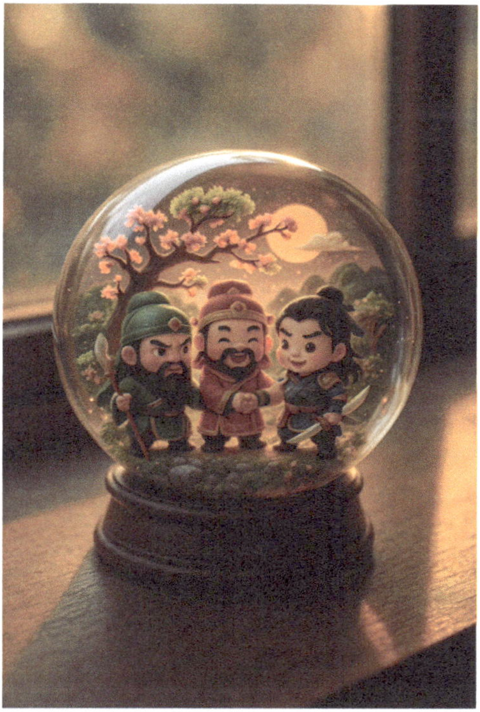

实例 96：电影 IP 融合海报

主要内容：

- 跨 IP 视觉融合创作：经典电影场景重构（如《黑客帝国》与《头号玩家》世界观相结合）。
- 角色互动设计（如 Neo 与韦德·沃兹同框）。

多平台适配方案：短视频封面及内容素材、社交平台话题海报、限量周边衍生设计。

目标客户：影视自媒体运营者、电影周边开发商和社交平台内容创作者。

变现模式：

- IP 授权合作：二次创作版权分成（销售额的 5%～15%，建议）、限量周边开发授权费（5000～20000 元/系列，建议）
- 爆款内容定制：热点话题快速响应（24 小时出稿）、平台流量分成合作。

注意： 所有创作均应遵守 IP 方的二次创作规范，遵循合理使用原则，确保合法合规。

提示词： 生成融合科幻电影《黑客帝国》与《头号玩家》的 3D 卡通版海报。

第 10 章 前沿、冷门与交叉创新类

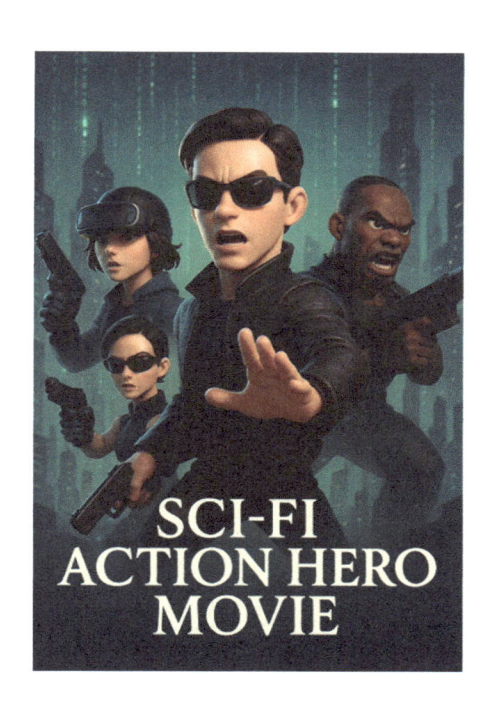

实例 97：草图转高保真原图

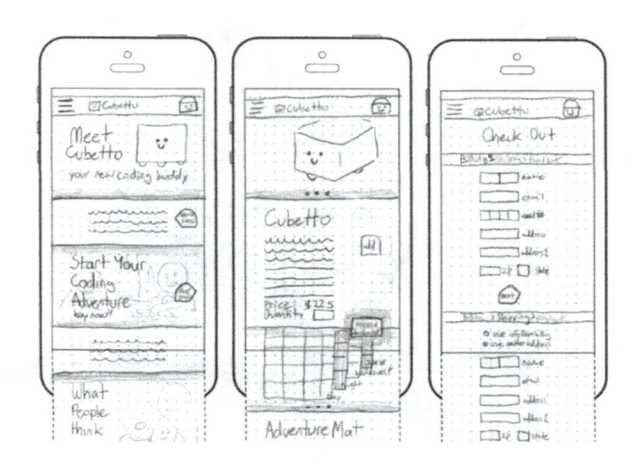

提示词： 把图像里的草图转为高保真原图。

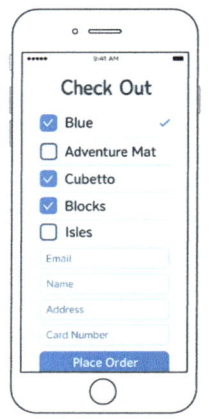

实例 98：四格漫画

提示词： 用四格漫画的方式描述 AI 或机器人如何逐步抢走程序员饭碗；有点儿国际化风格。

第 10 章 前沿、冷门与交叉创新类

实例 99：设计卡通文化衫

提示词： 请基于以下主题和元素为灵感设计一款富有创意、视觉冲击力强、适合 T 恤印刷的图案，图案应该呈现在一件 T 恤上。

主题：【你跳啥】 艺术风格：【Q 版漫画】。

T 恤颜色：【白色】。

其他：【配合一个呆萌奶凶的小熊猫卡通形象，熊猫，中文毛笔字】。

实例100：折纸艺术图

提示词： 折纸艺术，真实纸张质感，几何折痕，细节丰富，线条锐利，对称构图，【小白兔】，颜色丰富，栩栩如生，【森林】背景，柔和自然光，电影级景深效果。

10.3 变现思路

思路 43：公共空间艺术项目

- 项目内容：参与商场、机场、城市公共空间布置项目，设计表情符号投影装置。
- 运营关键词示例："用情绪点亮城市空间"。
- 变现模式：例如，可在商场大厅投影百种表情符号光影，单项目建议收费 8 万元。

思路 44：潮流文创产品开发

- 项目内容：将表情符号与服饰、金句混搭设计，打造情绪 T 恤、情绪抱枕、情绪笔记本等产品。
- 运营关键词示例："情绪文创爆品孵化"。
- 变现模式：例如，潮牌表情 T 恤设计 10 款，建议单套收费 5 万元。

思路 45：娱乐内容跨界开发

- 项目内容：将不同的电影场景融合，制造趣味二创内容，制作短视频、社交爆款图。
- 运营关键词示例："如果黑客帝国遇上头号玩家"。

- 变现模式：针对社交媒体打造趣味爆款短片。例如，如果通过混剪黑客帝国及头号玩家的趣味世界观获得数百万播放，则可通过广告植入实现变现。

10.4 运营建议

- 突破性思维框架：去边界化创新，解构传统行业的分类标准，建立跨维度的价值评估体系。
- 复合价值创造：艺术性×商业性×技术性的乘积效应，三维价值坐标定位法。
- 技术嫁接路径：AI 生成+区块链确权+AR 呈现的闭环；动态 NFT 与实体艺术的混合展览。
- 商业实验方向：元宇宙画廊与线下快闪店的 O2O 联动；限量数字藏品搭配实体高定服务。
- 小众市场开发：需求特别性指数评估；技术实现难度定价模型；情感稀缺性设计；身份标识价值塑造；圈层文化认同构建。

附录 A
AI 生图技术的演进：从 DALL-E 到原生多模态模型

A.1 AI "画家"的诞生

2021年年初，OpenAI 展示了一组令人惊叹又有些滑稽的图像：绿色鳄梨造型的安乐椅，上面甚至还带着果核的纹理。

这些图像并非出自人类设计师之手，而是由一款名为 DALL-E 的人工智能模型根据文字描述自动生成的。这是 AI "画家"踏入艺术殿堂的起点。当时的 DALL-E 可以根据一句话创造出前所未见的图像，例如，让两种完全不相关的事物在画面中奇妙结合，但它生成的图像尺寸很小、细节也较粗糙，更像是概念草图。然而，正是从这些看似离谱的鳄梨椅子开始，视觉生成（AI 生图）技术开启了迅猛的发展之路。

短短几年间，AI 从笨拙的涂鸦学徒成长为技艺精湛的数字画家。如今，不仅照片般逼真的场景唾手可得，甚至连抽象艺术和动漫风格也难不倒 AI。更令人惊喜的是，最新一代模型已不再局限于"看字画画"，它们开始学会在同一对话中理解图像、生成图像，甚至通过多幅连贯的图像讲故事——仿佛既能当画家又能当导演。

下面将以轻松的笔调，系统回顾从 DALL-E 问世以来这一系列里程碑式的技术进展，剖析不同技术路线的奥妙与差异，展望未来十年视觉生成领域可能的演变。

A.2 从 DALL-E 到 GLIDE：扩散模型崭露头角

DALL-E 的开山之作（2021 年）

DALL-E 是 OpenAI 在 2021 年推出的划时代模型。它采用了自回归 Transformer 架构，首先将图像划分为一系列离散编码，然后像语言模型预测单词一样逐一生成图像编码，最终解码出图像。DALL-E 首次证明了 AI 可以通过"看图说话"的逆过程——"看字作画"来创造前所未见的视觉内容。然而，受模型规模和训练数据所限，早期 DALL-E 的生成结果分辨率较低，细节往往经不起推敲。不过，它开启了"文生图"（text-to-image）的新纪元，为后续的技术迭代奠定了基础。

GLIDE 引领扩散新范式（2021 年年底）

同年晚些时候，扩散模型这一新思路开始崭露头角。OpenAI 的另一款模型 GLIDE 应用了扩散模型（Diffusion Model）来进行图像生成，并结合了 CLIP 模型进行引导。扩散模型的原理有点儿像"逐步显影"的过程：它从随机噪声出发，经过一系列迭代逐步"去噪"，最终得到清晰的图像。GLIDE 通过无分类器指导（Classifier-free Guidance）等技术，大幅提升了图像质量和与文本描述的匹配度。实验证明，GLIDE 在图像逼真度和细节准确性上都超过了初代 DALL-E。例如，过去模型最难画好的东西——手部细节、物体上的文字等，GLIDE 生成的结果都有了明显改进。借助扩散模型的强大能力，AI"画家"的画技开始突飞猛进。

潜在扩散模型的提出（2022 年）

扩散模型虽然效果出色，但直接在像素空间扩散计算成本巨大。为此，慕尼黑大学团队在 2022 年年初提出了潜在扩散模型（Latent Diffusion Models，LDM）。他们先训练一个自动编码器，将图像压缩到较低维的潜在空间中，再在这个潜在空间里执行扩散过程。这样一来，既大幅降低了计算量，也能生成高分辨率的细节图像。这一创新为高分辨率的文生图奠定了基础。基于潜在扩散模型的原型，研究者展示了前所未有的高清 AI 绘图成果。在这一阶段，扩散模型俨然成为文生图领域的新宠，各种后续模型纷纷沿用这一架构，进入了快速迭代期。

A.3 双轨竞争：自回归模型与扩散模型，两大路线之争

2022年，文生图技术迎来了百花齐放的局面。其中，自回归模型与扩散模型两大技术路线并行发展，各显神通。

OpenAI DALL-E 2（2022年）

作为 DALL-E 的升级版，OpenAI 于 2022 年 4 月发布了 DALL-E 2，再次引起轰动。与前代不同，DALL·E 2 转而采用了扩散模型作为图像生成核心，并结合了 CLIP 图像-文本嵌入技术。这一改变使 DALL-E 2 在图像质量和一致性上有了显著飞跃，其生成的图像分辨率更高、细节更丰富，还能在一定程度上按照用户复杂的描述来调整风格和内容。当时展示的效果令人惊艳：从超现实的梦幻场景到写实的照片风格，DALL·E 2 都能轻松驾驭。可以说，DALL·E 2 标志着扩散模型正式登上了文生图的大舞台。

Google Imagen 与 Parti 之争（2022年）

几乎同期，Google 公司也高调加入竞争，他们推出了两个不同路线的模型：Imagen 和 Parti。其中，Imagen 走的是和 DALL-E 2 相似的扩散路线，但它使用了大型语言模型（如 T5）的文本编码器，从

而对文本细微差别有更强的理解力。Imagen 在研究基准上的图像质量一度拔得头筹。Parti 则代表了另一条自回归路线：它将图像离散成大量视觉标记，然后通过一个 Transformer 序列模型，像机器翻译一样将文本"翻译"成图像序列。Parti 拥有高达 200 亿个参数，能够生成极为复杂、多样的内容，在理解长段复杂描述方面表现出色。Google 研究者发表博客，对比了 Imagen 和 Parti 两个 AI "大画家"在技术上的区别，指出扩散和自回归是"两种互补的强大模型"，为未来结合二者优势提供了想象空间。简单来说，Imagen 体现了扩散模型在逼真度上的优势，Parti 则展示了自回归模型在复杂场景和语言理解上的潜力。

这一时期，两条技术路线各有千秋：扩散模型逐步优化图像的机制，生成结果精细且逼真，但需要多次迭代计算；自回归模型一次性生成整幅图像的序列，天然可以利用大模型的语言理解能力，适用于复杂场景，但在生成高分辨率大图时序列很长，计算开销惊人。在实践中，扩散模型的表现更为抢眼，OpenAI 和业界的主流模型多采用扩散架构。而 Parti 虽然展示了惊人的效果，却由于资源要求高、发布受限等原因，并未像扩散模型那样广泛影响大众用户。但 Google 同时探索两条路线的举动表明，文生图的实现并非只有单一思路，不同范式之间也许可以相互借鉴融合。

A.4 开源革命：Stable Diffusion 与 Midjourney 的崛起

Stable Diffusion 引爆社区热潮（2022 年下半年）

2022 年 8 月，稳健扩散模型 Stable Diffusion 横空出世，由初创公司 Stability AI 资助、学术团队 CompVis 主导开发，并以开源形式向公众发布。Stable Diffusion 的出现彻底改变了文生图领域的生态——过去只有少数研究机构掌握的技术一下子向所有开发者和创意人敞开了大门。据 Stability AI 介绍，Stable Diffusion V1 的开源"改变了开源 AI 模型的格局，在全球催生了成百上千个衍生模型和创新"。的确，开源社区很快基于 Stable Diffusion 进行了二次训练、模型微调，涌现大量风格各异的模型版本。从科幻插画风到二次元动漫风，都有人专门训练模型来实现。社区还开发了各种强大的扩展插件，比如 ControlNet 实现了对生成构图的精细控制，LoRA 低资源微调则方便个人定制训练。Stable Diffusion 大大降低了 AI 生图的门槛，任何人只需一张显卡就能在本地进行 AI 生图。这股开源之风将 AI 生图从实验室推向了大众创作实践。

Midjourney——另一个奇迹（2022 年）

与此同时，一个名为 Midjourney 的独立研究实验室推出了 AI 绘画服务 Midjourney，在艺术爱好者圈子中口碑爆棚。Midjourney 与 Stable Diffusion 都基于深度学习的扩散原理，但走了不同的产品路线。它通过 Discord 聊天界面提供服务，用户只需输入描述，就可以收到几张风格唯美的 AI 画作。Midjourney 生成的画面色彩丰富、艺术感十足，很多作品乍一看竟像出自人类画家之手。虽没有详细的公开技术细节，但据推测，Midjourney 团队针对艺术风格和审美做了特别优化。有分析指出，Midjourney 可能融入了生成对抗网络（GAN）等技术和自研的优化算法，以增强艺术风格的表现力。无论原理如何，Midjourney 的效果优势和易用性使其在非专业用户中大受欢迎。相比之下，Stable Diffusion 虽然免费开源、离线运行，但对"小白"用户不太友好（需要一定的环境配置和专业知识），而 Midjourney 则以"一键出图"的体验取胜。概括来说：Stable Diffusion 胜在开放性和可定制性，几乎任何风格都能通过微调实现，但需要一定技术门槛；Midjourney 胜在傻瓜式操作和极高的初始画质，对于没有技术背景的创意人士非常友好。二者的并存促使 AI 绘画既有高度可塑的工具平台，也有方便大众的即用型产品，进一步推动了视觉生成的普及。

质量与性能的迭代（2023 年）

伴随社区热情和商业竞争，2023 年的文生图模型在质量上又上了一个台阶。Midjourney 相继推出 V4、V5 版本，不断提升分辨率和真实感，甚至能生成以假乱真的人像和摄影作品。在开源方面，Stable

Diffusion 发布了 2.0 及 2.1 版本，引入新训练数据和新文本编码器（OpenCLIP），尝试改进其在某些领域的表现。尽管 2.x 系列对艺术风格的再现一度不及 1.x 版本，引发争议，但随后 Stability AI 带来 Stable Diffusion XL（SDXL），这是一个规模更大的模型，提供了原生 1024 像素×1024 像素的高分辨率输出，以及更好的构图和细节表现。SDXL 1.0 于 2023 年 7 月发布，其图像质量相比早期版本有显著提升，尤其在复杂场景的连贯性和细节丰富度上更进一步。据用户反馈，SDXL 生成的人脸、手部等细节有了明显改进，风格迁移能力也更强。可以说，到 2023 年中期，开源模型经过迭代已经达到了前沿水平，闭源的 Midjourney 和 OpenAI 则继续在体验和细节上精益求精。文生图领域百舸争流，进入了"你追我赶"的良性竞争状态。

A.5 指令跟随的飞跃：从 DALL-E 3 到 ChatGPT 绘图

经过几年的发展，到 2023 年年底，AI 生图在质量上虽已逼近人类专业水平，但还有一个明显短板：如何让模型更准确地明白用户想要什么。一些早期模型经常会偏离提示，或者需要用户绞尽脑汁完成"提示工程"才能得到理想效果。而这一年发布的 DALL-E 3 在"指令跟随"（Instruction Following）能力上实现了飞跃。OpenAI 在 DALL-E 3 中将其与 ChatGPT 进行了原生集成，让 ChatGPT 充当提示词优化师。用户只需用自然语言描述想法，ChatGPT 会帮忙将其扩展成详细的绘图提示，然后交由 DALL-E 3 生成图像。这种架构使 DALL-E 3 对复杂描述的理解和执行力远超以往模型。据报道，DALL-E 3 能够精确地遵循复杂长提示生成图像，包括场景中多个对象的关系，以及诸如人类手部或图中文字。例如，让 AI 画"一只寄居蟹在沙滩上，旁边有泡沫，壳的纹理清晰可见"，以前模型可能会丢掉细节，而 DALL-E 3 几乎能完美实现所有要求。又如要求图中出现一段可读文字，以往常常变成乱码，但 DALL-E 3 生成的文字清晰度和正确性都有大幅提升。这一切都得益于 ChatGPT 的语言理解能力与图像生成能力，消除了烦琐的提示工程。现在，用户能够通过对话 AI 细致地让修改图像，如"再亮一点""换个角度"等，而模型也能领会用户意图进行调整。这种流畅的人机交互让 AI 更像一位听话的数字艺术家助手，极大降低了创作门槛。

除了 OpenAI，Midjourney 等也在优化模型的指令响应能力。例如，Midjourney 引入了更灵活的参数调整和风格预设，用户可以用接近自然语言的描述来定制画面效果。而稳定扩散社区则通过加入新的条件控制（如 Depth-to-Image、Reference Only 等）来细化对生成结果的掌控。总体来说，2023 年的行业趋势表明：只有生成效果还不够，如何"听懂人话"同样关键。DALL-E 3 的出现成为里程碑事件，它证明大模型的语言理解可以显著赋能图像生成。这也预示着文生图领域正从"给模型下命令"向"与模型对话协作"转变。

A.6 迈向多模态：从图像到视频，从单模到多模

随着图像生成技术日趋成熟，研究者开始将目光投向更广阔的多模态领域。2023 年年底至 2024 年，出现了几个标志性进展，使 AI 从"只能画图"向"既能看图又能画图"迈进。

OpenAI Sora：视频生成的新起点

在图像领域取得成功后，OpenAI 将扩散模型与 Transformer 结合，开发了代号为 Sora 的模型，尝试让 AI 根据文本生成短视频。Sora 能够创造包含多个角色、特定动作并且细节丰富的连续场景。例如，一个视频里有几只小狼在林间小路上追逐玩耍，Sora 生成的每一帧都保持了小狼的造型和位置连贯，运动也相对自然。这表明 AI 不但能"画一幅画"，还开始学会"导一段戏"了。当然，文本生成视频的难度远高于生成单张图像，目前，Sora 有时仍会出现物理运动不合理等问题。尽管如此，Sora 作为 OpenAI 首个对外披露的文生成视频模型，意义非凡。它预示着视觉生成从静态走向动态，未来 AI 有望胜任动画师和视频剪辑师的工作。这一成果也鼓舞了业界更多投入多模态生成的研究，如 Meta、谷歌等相继展示了各自的文本生成视频原型。可以预见，文生视频将是文生图技术下一步的重要战场。

多模态大模型初露锋芒：Gemini

除了视频，另一个重大趋势是原生多模态模型的诞生，即单一模型同时具备对图像和文本的理解与生成能力。2023 年下半年，Google DeepMind 针对这一目标推出了代号为 Gemini 的多模态大模型计划。Gemini 被寄予厚望，因为它融合了 Google 大模型和 DeepMind 在强化学习方面的专长。到 2024 年年初，Gemini 的初始版本（可称为"Gemini 1"）已经在内部展现出强大的多模态理解能力。一篇技术报告指出，Gemini 系列模型在图像、音频、视频和文本的理解上都表现出惊人的能力，在 20 项多模态基准上均达到了最新水平。换言之，Gemini 1 已经可以看图说话、看视频写摘要、听音频回答问题，这种跨模态的推理和语言理解能力为统一的多模态生成奠定了基础。虽然 Gemini 1 尚未公开图像生成的功能，但它体现出"大一统"AI 模型的雏形：不再为生成图像而设计，而是能够将不同模态的信息融会贯通。Google 的多模态布局表明，原生多模态模型将是 AI 发展的下一重点方向。

稳定扩散的下一步：Stable Diffusion 3

在开源社区中，关于 Stable Diffusion 下一代版本的讨论也日渐升温。很多人猜测 Stable Diffusion 3（若命名如此）将融合 Transformer 架构以提升对复杂语义的理解，或者引入新的训练策略来改善文本忠实度和生成速度。一些开源项目已经开始尝试将大模型的知识融入图像生成。例如，有开发者把 Stable Diffusion 与 ChatGPT 结合，使后者可以根据用户输入的内容动态调整前者的提示词，从而生成更符合要求的图像。这种松散的集成方式类似于 DALL-E 3 与 ChatGPT 的配合，只是通过开源组件实现。虽然截至 2024 年年中，Stable Diffusion 官方尚未推出 3.0 版本，但社区的探索为下一代模型指明了可能的思路：结合扩散模型的图像优点与大模型的语义理解，将成为开源路线的发展趋势之一。

Flux：开源新星闪耀（2024 年）

2024 年下半年，开源社区迎来了一颗闪耀的新星——Flux 模型。Flux 由 Black Forest Labs 开发，其核心团队包括 Stable Diffusion 的原班人马（如潜在扩散模型论文作者 Robin Rombach 等）。Flux 在 2024 年 8 月发布了首个版本 Flux 1.0，一经推出就以惊人的效果引发轰动，被誉为"开源核弹"。Flux 采用了突破性的架构设计，将 Stability AI 在扩散模型上的技术积累与全新创新相结合，在生成质量、速度和灵活性上全面领先此前的开源模型。据介绍，Flux 提供了多个变体模型以适配不同需求：例如 Flux 1.1 Pro 专注生成高质量、写实风格的图像，并能清晰地渲染图中文本；Flux 1.1 Schnell 则做了轻量优化，可以在极少迭代步骤下快速出图。实测表明，Flux 的提示词遵循性和视觉细节令人印象深刻，从复杂场景的布局到美术风格的一致性都达到了新的高度。特别值得一提的是，许多用户发现 Flux 生成的图像中嵌入的文字居然清晰可读，这一能力在过去一直是扩散模型的痛点。Flux 的横空出世证明了开源社区有能力赶上乃至引领最新的技术潮流，这也体现出扩散模型与其他技术（例如 Transformer、知识注入等）的融合创新正在加速。随着 Flux 等新模型开放给开发者使用，开源生态在文生图领域与大厂产品之间的距离再次缩小。

Gemini 2.0 Flash：多模态统一生成的实现（2024 年年底—2025 年年初）

终于，真正将多模态生成能力融于一身的 AI 问世了。2024 年年底，Google 向受信任测试者展示了 Gemini 2.0 Flash 的实验版本，其最大亮点就是具备了原生图像生成能力。到 2025 年 3 月，Google 正式在其 AI Studio 平台向开发者开放了 Gemini 2.0 Flash 模型的试用。

这个模型可以说是集大成者：它在一个统一的架构下，实现了对文本和图像的多模态处理。具体来说，Gemini 2.0 Flash 不仅能够像 ChatGPT 那样理解文本、进行对话，还能在对话中直接产出图像。例如，开发者可以让模型一边讲故事一边插入相应的插画，模型生成的连环画中的角色形象和场景布置能始终保持一致。用户如果对此不满意，还可以提出修改意见，模型会据此调整故事情节或绘画风格，然后重新生成新的叙事和插图。

又如，Gemini 2.0 Flash 支持通过多轮对话来编辑图像：我们可以先让它生成一张初始图像，然后通过自然语言指令一步步微调细节，如改变颜色、增删对象等。整个过程模型都会记住上下文，使修改是连续且理解一致的。

更令人称道的是，Gemini 2.0 Flash 借助其对现实世界知识的掌握和推理能力，在很多情况下能生成符合常识且细节合理的图像。例如，要让模型绘制菜谱插图，它会参考真实菜肴的样子，尽可能准确地表现食材和烹饪步骤。内部测试显示，Gemini 2.0 Flash 在处理带有长篇文字的图像（如海报上的一段宣传语）时，比其他生成模型有更好的文字渲染效果，非常适合用来创建广告、社交帖子甚至邀请函等视觉内容。毫无疑问，Gemini 2.0 Flash 标志着文生图技术的范式转变已经发生：我们迎来了文本和图像生成融为一体的新阶段，一个模型就可以完成过去需要语言模型和图像模型配合才能完成的任务。这一突破也让人们对未来充满期待：AI 助手将不再只有文字技能，而是可以同时担任作家和画家，为我们提供丰富多彩的多模态内容创作服务。

A.7 范式转变：从单一文生图到多模态统一生成

经过上述演变，我们可以清晰地看到视觉生成领域正在发生一场范式转移：从过去"给定文本，输出图像"的传统范式，转向"原生多模态统一生成"新范式。这种新范式的特点是在一个 AI 模型中融合了多模态的理解与生成能力，使人机交互更加自然、创作流程更加一体化。

在传统范式下，若用户想要一边生成图像一边配以说明文字，则往往需要分别使用文本生成模型和图像生成模型，再由人来将二者的结果整合。而如今，以 Gemini 2.0 Flash 为代表的原生多模态模型可以在同一对话过程中同时输出文字和图像。想象一下，你在和这样的

AI 创作绘本：你输入一句"从前有一只可爱的乌龟宝宝冒险的故事"，模型立刻开始给你讲故事，同时生成对应场景的插图并插入其中，文字和图画融为一体。这种体验就像和一个既能写作又会插画的搭档共同创作，所见即所得。模型具备的跨模态上下文理解能力确保了故事情节前后连贯、插图风格一致，不会出现人物突然变样或者情节脱节的情况。

在新范式下还可以进行多轮细粒度控制。过去，如果对生成的图像不满意，则往往只能调整提示词再生成一次。而在多模态统一模型中，我们可以直接对模型说"不，这只乌龟应该戴一顶红帽子"，模型能够理解这其实是对图像的修改要求，仅对图像部分进行重绘而不影响故事文字。这种对话式的逐步细化，让创作变成了连续对话过程，而非一次性命令，大大降低了试错成本。

多模态统一生成还带来更强的指令理解和执行能力。因为模型本身拥有强大的语言理解力（相当于一个大语言模型），它在解析用户的视觉需求时更像人类思维。例如，用户说"画一张风格像梵高《星空》那样的城市夜景"，过去纯图像模型可能难以准确理解"梵高《星空》风格"的精髓，而多模态大模型由于掌握大量关于梵高和印象派的知识，可以先在"脑海中"形成正确的风格概念，再将其应用到图像渲染上。类似地，对于需要结合常识的绘图请求（比如"画一只正在下国际象棋的松鼠"），多模态模型知道松鼠的体型、国际象棋的棋盘样子及下棋的合理姿态，画出的图不会离谱（如棋子比例或握棋姿势不合理等）。借助这种知识加持的生成能力，AI 生图从"形似"进一步走向"神似"，甚至在专业领域的图表、设计草图生成上也变得更加可用。

当然，新范式也面临新的挑战。例如，将这么多功能融合在同一模型中，使其结构庞大复杂，训练难度和成本都非常高。此外，多模态输出也需要更精细的内容安全策略：模型在生成图像和文字时都可能触及不当的内容，如何平衡创造力与安全性是一大考验。然而，无论如何，从单一模态到多模态统一是 AI 发展的必然趋势。正如个人电脑从只能处理字符发展到图形界面，AI 大模型也终将从单一任务进化到能处理丰富多彩的内容形式。对于终端用户而言，这意味着体验上的巨大跃升——我们面对的是一个全能的 AI 创意助手，而不再是分别调用多个工具的操作流程。这种范式转变将重新定义内容创作和信息获取的方式，其影响或许不亚于互联网的多媒体化革命。

A.8 展望 2030：视觉生成的未来趋势

原生多模态模型普及化

如今 Gemini 2.0 Flash 等只是多模态统一模型的先行者，未来几年这类模型将更加普及。OpenAI、Meta、微软等巨头都可能推出各自的原生多模态 AI 助手，实现"一站式"生成各种内容。从商业应用到消费级产品，我们或许都会与能听会说、能看会画的多模态 AI 打交道。它们将被集成到办公软件、设计工具、教育平台等各个领域，成为标配的内容创作引擎。与此同时，模型的易用性将进一步提升，更加自然的对话、更加智能的意图识别，甚至根据脑机接口捕捉到的想象直接生成画面等，都是可以实现的应用形态。原生多模态模型的普及，意味着人人都可以轻松将脑海中的故事图文并茂地呈现，创意的表达将前所未有地自由。

扩散与自回归融合演进

虽然过去几年里扩散模型占据主导地位，但自回归模型所展现的优势也不会被忽视。未来的视觉生成模型很可能结合两种范式的长处，实现"既扩散又自回归"的混合架构。例如，一个构想是两阶段生成：第一阶段模型以自回归方式生成一个粗略的图像草图或布局（保证对复杂场景的整体把握和文本忠实度），第二阶段再用扩散模型对草图进行细化、上色和增加纹理细节（保证图像的精美程度）。这样的协同工作有点类似草图大师和画家合作，一人打底稿，一人润细节。

另一个可能方向是探索新的生成范式，比如基于能量模型或扩散 GAN，将扩散过程的优势和 GAN 的全向一致性相结合。还有研究者提出用大语言模型直接生成图像的"隐式描述"再由渲染引擎绘制的思路。这些尝试反映出一个共识：单一技术路线终有天花板，融合不同方法才能碰撞出新火花。到 2030 年，我们或许会看到一些全新的架构，不能再简单归类为扩散或自回归，而是吸收了二者精华，让 AI 绘图更快、更准、更灵动。

开源社区与商业应用的此消彼长

在未来的发展中，开源社区预计将继续扮演重要角色。正如 Stable

Diffusion 和 Flux 的出现所示，开源力量在民主化技术和推动创新方面不可小觑。随着多模态模型训练成本的降低和技术的成熟，可能会有开源的多模态大模型出现，让研究者和开发者自由地研究和改造。这将进一步加速技术传播和落地。但与此同时，商业公司在资源和数据上的优势依然显著，特别是在专业应用领域（如影视制作、医疗影像、工业设计等）需要高度定制化和可靠性的情况下，专有模型和解决方案仍将占据一席之地。我们可能看到的是开源与商业的一种共生：开源模型提供创新土壤和大众基础，商业公司在此基础上开发垂直优化的产品，并反哺一部分成果给社区。在应用层面，随着视觉生成技术的广泛可及，我们会看到许多新的商业模式涌现——从 AI 定制插画、电商商品自动渲染，到个性化游戏美术、虚拟内容创作等，无处不在的新商机也会反过来驱动技术进一步演进。因此，在 2030 年之前，视觉生成领域很可能呈现开源繁荣、商业百花齐放的景象，二者共同推动 AI 创作融入社会经济的方方面面。

更丰富的多模态融合

虽然本章主要聚焦于文本与图像的生成，但多模态的概念远不止于此。未来的生成模型将会整合更多模态，比如三维模型、音乐乃至触觉反馈。有朝一日，你也许可以先用自然语言让 AI 生成一个 3D 场景，然后在 VR 中身临其境地即时体验；又或者 AI 根据你的文字剧本自动生成分镜头动画、配上背景音乐和音效，几乎就是一键出电影。要实现这些愿景，在技术上需要将视觉、听觉、运动等多模态生成统一起来。这可能涉及让视觉生成模型与生成式音频模型、运动捕捉模型等协同工作。虽然目前这些不同类型的生成模型各自发展，但跨模态的协同将是我们未来重点攻克的方向之一。可以预见，到 2030 年，我们谈论的"视觉生成"将不再孤立，很可能是作为更大型多模态生成系统的一部分，和语言、声音、空间等生成能力一起，为用户创造身临其境的综合体验。

更高的创作自由与责任

最后，不得不提的是关于伦理与规范的发展趋势。随着 AI 生成内容的能力愈发强大，其带来的社会影响也愈发深远。未来几年中，我们可能看到更完善的 AI 创作版权制度和内容标识规范出现。例如，每一幅 AI 生成图像都附带难以去除的数字标记以证明出处，防止不当使用；在版权方面则明确模型生成内容的归属权归用户所有或者共享协议。这些规范既能赋予创作者更多的信心去使用 AI 工具，又能约束不良行为，保护大众免受 AI 生成谣言、虚假信息的侵害。在技术上也会引入更多安全控件，让用户对模型的输出负责，比如设置严格的内容过滤、敏感场景确认等机制。总之，在享受创作自由的同时，社会各界将共塑相应的责任框架，让 AI 成为人类创意的放大器而非失控的水桶。

从 2021 年的鳄梨椅子到 2030 年可能出现的沉浸式 AI 创造，视觉生成技术正沿着一条惊险而激动人心的道路前行。技术流派的更迭、模型能力的飞跃、应用生态的拓展，都昭示着我们正进入一个前所未有的创意民主化时代。在这个时代，每个人都有机会借助 AI 的力量，将脑中的奇思妙想变为眼前的图景。让我们拭目以待，这场 AI 绘梦之旅将在未来续写怎样的华章？

附录 B
AI 生图操作入门

B.1 使用 GPT-4o

第 1 步，注册并登录 ChatGPT

注册 ChatGPT 账户所需的资料包括：一个电子邮件地址、一个接收验证码的电话号码和良好的互联网连接。

（1）在浏览器中访问 ChatGPT 官方网站。

（2）在左下角，你可以看到一个"注册或登录"窗口，单击"注册"按钮。

（3）在"创建账户"窗口中，首先输入你的电子邮件地址，然后单击"继续"按钮。

（4）为你的账户创建一个密码，然后单击继续按钮。你将收到一封验证邮件。

（5）检查你的电子邮件收件箱以验证你的电子邮件地址。

（6）如果需要通过电话号码验证，则需要输入一个电话号码。

（7）输入你通过电话号码收到的验证码完成注册。

第 2 步，使用 GPT-4o 生成图像

使用 GPT-4o 生成图像的步骤如下。

（1）打开 ChatGPT 界面，无论是网页版还是 App 版。

（2）在模型中选择 GPT-4o。

（3）单击"创建图片"选项。

（4）输入你想要的图像描述作为提示词。例如：

- 直接生成图像：输入"创建一张未来城市日落的图像"。
- 上传图像进行修改或作为灵感：上传图像后，输入"让这张照片看起来像油画"或"用这种风格生成更多图像"。

通过这些简单的步骤，你就可以使用 GPT-4o 生成自己想要的图像了。

注意： 截至目前，ChatGPT 的免费用户每天只能使用 3 次图像生成功能，而且速度比较慢。如果需要高频使用图像生成功能，则可以考虑升级到 Plus（20 美元/月）或者 Pro（200 美元/月）会员，以获得更快的生成速度和更多的使用次数。

B.2 使用即梦 AI

即梦 AI 是一款功能强大的 AI 创作平台，提供便捷的图像和视频创作服务。无论你是初学者还是资深创作者，都能在即梦 AI 平台上找到适合自己的创作工具。以下是注册即梦 AI 账号的详细步骤。

第 1 步 访问并注册即梦 AI 平台

首先，你需要访问即梦 AI 的官方网站。在浏览器中输入即梦 AI 的网址，进入平台首页。

然后，在平台首页的右上角，你可以看到"注册"按钮，单击它，进入注册页面。

之后，你需要在注册页面填写一些基本信息，包括邮箱地址、密码及验证码。请确保你填写的邮箱地址是有效的，因为后续需要通过邮箱验证来完成注册流程。

为了账户安全，你需要设置一个强密码。密码应包含大小写字母、数字和特殊字符，长度不少于 8 位。

输入验证码是为了防止恶意注册，确保你是人类用户。按照页面提示输入正确的验证码。

第 2 步　邮箱验证

在注册信息填写完毕后，即梦 AI 会向你的邮箱发送一封验证邮件。

登录你的邮箱，找到来自即梦 AI 的验证邮件，并单击邮件中的验证链接。

单击验证链接后，你的邮箱验证就完成了。此时，你可以使用邮箱地址和密码登录即梦 AI 平台。

完成以上步骤后，你就成功注册了即梦 AI 账号，可以开始使用该平台提供的各种 AI 创作工具了。

第 2 步　登录与账户设置

在即梦 AI 平台首页的右上角，单击"登录"按钮。在弹出的登录窗口中，首先输入你的注册邮箱地址和设置的密码，然后单击"登录"按钮即可进入即梦 AI 平台，开始你的 AI 创作之旅。

成功登录后，你可以访问账户设置页面，进行基础账户管理。在这里，你可以完善个人信息，如昵称、头像等，也可以修改你的密码。确保你的账户信息准确无误，这将有助于你后续的使用和管理。

通过以上步骤，你就可以顺利注册并登录即梦 AI 平台，并开始探索和使用该平台提供的各种 AI 创作工具和功能了。

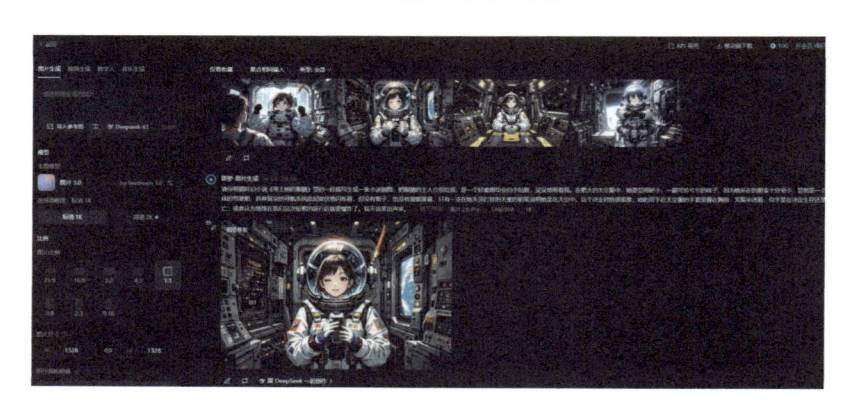

B.3 使用豆包

豆包是字节跳动旗下的一款 AI 对话工具，它提供了多种端口以方便用户在不同场景下使用。以下是豆包的三个端口及其特点。

- 手机 App：用户可以在各大应用商店搜索并下载"豆包"App。这个端口适合移动用户，可以随时随地与 AI 对话。
- 网页端：通过访问豆包网页端，用户可以在任何支持现代浏览器的设备上与 AI 对话。这个端口适合那些不需要安装额外软件的用户。
- 电脑客户端：用户可以通过访问豆包的电脑客户端下载地址来下载并安装豆包的电脑客户端。这个端口适合需要更稳定和更高效对话体验的用户。

三个端口的对话信息可以同步，这意味着用户可以在一个端口开始对话，在另一个端口继续对话，而不会丢失任何信息。这种设计满足了用户在不同场景下的使用需求。

下图所示是豆包的界面。

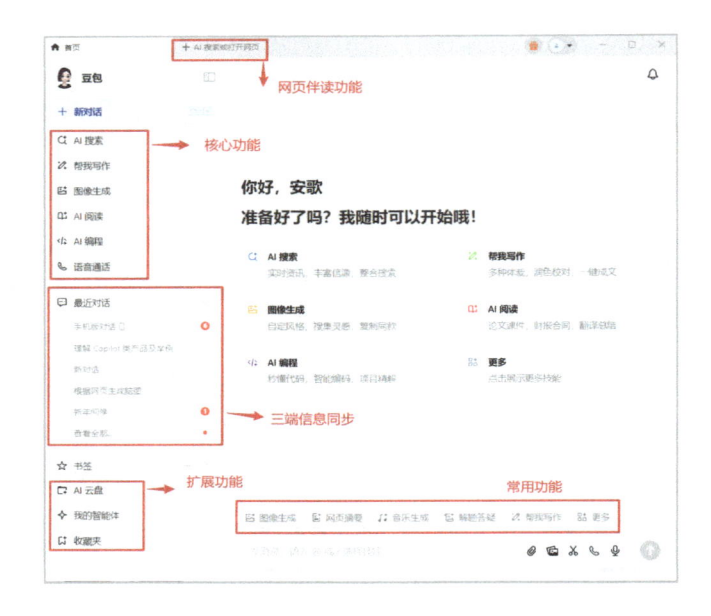

下图简单展示了生成图像的步骤。

豆包的生图功能非常便捷和强大。用户可以直接选择模板"做同款",这意味着他们可以快速地基于现有的设计模板来创建图像,非常适合那些需要快速出图或者对设计没有太多自定义需求的用户。

此外,用户还可以上传参考图,豆包可以根据上传的参考图快速制作用户想要的图像。这种方式非常适合那些有特定设计需求或者想要基于现有图像进行创作的用户。

豆包还提供了对生成的图像进行二次编辑的功能。用户可以对图像进行换背景、换风格、区域重绘、扩图等操作。这些功能极大地增强了图像的编辑灵活性,让用户能够根据需要对生成的图像做进一步调整和优化,以满足他们的具体需求。

反侵权盗版声明

电子工业出版社依法对本作品享有专有出版权。任何未经权利人书面许可,复制、销售或通过信息网络传播本作品的行为;歪曲、篡改、剽窃本作品的行为,均违反《中华人民共和国著作权法》,其行为人应承担相应的民事责任和行政责任,构成犯罪的,将被依法追究刑事责任。

为了维护市场秩序,保护权利人的合法权益,我社将依法查处和打击侵权盗版的单位和个人。欢迎社会各界人士积极举报侵权盗版行为,本社将奖励举报有功人员,并保证举报人的信息不被泄露。

举报电话:(010)88254396;(010)88258888
传　　真:(010)88254397
E-mail:　　dbqq@phei.com.cn
通信地址:北京市万寿路 173 信箱
　　　　　电子工业出版社总编办公室
邮　　编:100036